U0577730

船舶动力设备自动控制

主　编　孙　超　谭　军　刘　欢
副主编　臧爱清　张晓冬
参　编　王宇青　戴　武　佟铁柱
主　审　王　宇

北京理工大学出版社
BEIJING INSTITUTE OF TECHNOLOGY PRESS

内 容 提 要

　　本书是配合国家双高建设船舶动力装置专业教学改革的系列教材之一。全书在编写上采用任务教学模式，主要内容包括认识船舶动力设备自动化、安装日光灯、排查日光灯不亮故障、调整电动差压变送器、整定调节器的参数、认知执行器、拆装和调校实训气动差压变送器、整定NAKAKITA型气动调节器参数、认知机舱中常见传感器、分析船舶传感器和变送器故障案例、燃油黏度自动控制、认知分油机自动控制、空气反冲式自清洗滤器自动控制、船舶辅助锅炉自动控制、认知机舱监视与报警系统、船舶电力系统、船舶电站操作和故障处理实训17个任务。

　　本书可作为高等院校船舶动力装置专业学生的教材，也可作为轮机工程技术有关人员的参考读物。

图书在版编目（CIP）数据

　　船舶动力设备自动控制／孙超，谭军，刘欢主编
.--北京：北京理工大学出版社，2021.6
　　ISBN 978-7-5682-9873-5

　　Ⅰ.①船…　Ⅱ.①孙…　②谭…　③刘…　Ⅲ.①船舶—
动力装置—自动控制　Ⅳ.①U664.1

　　中国版本图书馆CIP数据核字（2021）第100694号

出版发行／北京理工大学出版社有限责任公司
社　　　址／北京市海淀区中关村南大街5号
邮　　　编／100081
电　　　话／（010）68914775（总编室）
　　　　　　（010）82562903（教材售后服务热线）
　　　　　　（010）68944723（其他图书服务热线）
网　　　址／http://www.bitpress.com.cn
经　　　销／全国各地新华书店
印　　　刷／天津久佳雅创印刷有限公司
开　　　本／787毫米×1092毫米　1/16
印　　　张／12.5　　　　　　　　　　　　　　　　　责任编辑／阎少华
字　　　数／272千字　　　　　　　　　　　　　　　文案编辑／阎少华
版　　　次／2021年6月第1版　2021年6月第1次印刷　责任校对／周瑞红
定　　　价／55.00元　　　　　　　　　　　　　　　责任印制／边心超

前言

Foreword

本书编写模式新颖，采用任务驱动设计、知识与技能融合的方式，能满足高等教育突出技能培养的要求。

本书编写考虑了本行业领域就业需要、学生在本行业领域持续发展的需要，兼顾企业特色岗位的需要和学生个性发展的需要，注重培养学生职业生涯中的专业能力、方法能力和社会能力。

本书紧紧围绕高等教育教学工作需要，以就业为导向，以技能训练为中心，以培养高技能应用型人才为目的，在编写过程中注重知识的前沿性和实用性，旨在探索"教、学、做"一体化教学模式。

本书主要有以下几个方面的特点。

1. 融合电工工艺基础知识

本书融合电工工艺基础知识，通过认识船舶机舱中常见的自动化控制设备，使学生对船舶机舱自动化有一个系统的思考，充分调动学生学习的积极性，有助于其加强对机舱设备和自动控制的了解。

2. 采用开放式工单

学生可根据自己对课程的学习情况自主填写开放式工单，操作思路不受约束。

3. 介绍船舶电站自动控制内容

本书介绍了船舶电力系统和船舶电站操作等相关内容，以适应当前机舱自动化控制的技能需求。

4. 案例丰富

通过案例分析，学生可加深对自动化设备故障的理解，拓展知识面和提高实际故障诊断能力。

5. 配备二维码资源

二维码资源主要包括实训操作视频、设备零件动画和拓展知识点等内容，视频与文档相结合，学生能自主选择学习内容，符合数字化教育的要求。

本书由渤海船舶职业学院孙超、洲际船务集团有限公司谭军、渤海船舶职业学院刘欢担任主编，由大连航运职业技术学院臧爱清和渤海船舶职业学院张晓冬担任副主编，渤海船舶职业学院王宇青、戴武、佟铁柱参编。全书由渤海船舶职业学院电气工程系主任王宇主审。

由于编写时间仓促，加之编者水平有限，书中难免存在错漏之处，恳请读者批评指正。

编　者

目录

Contents

任务1　认识船舶动力设备自动化

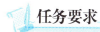 **任务要求**

1. 知识要求

(1)船舶动力设备自动化概念和基本内容;

(2)船舶动力设备自动化的优势;

(3)船舶动力设备自动化发展历程。

2. 能力要求

(1)能够叙述船舶动力设备自动化的概念和基本能容;

(2)能够叙述船舶动力设备自动化的优点;

(3)能够列举船舶动力设备自动化发展历程。

3. 素质要求

(1)养成善于动脑、勤于思考、及时发现问题的学习习惯;

(2)提高理论联系实际的能力,培养分析和解决反馈控制系统实际问题的能力;

(3)培养理性思维能力和科学求实精神;

(4)培养学习新技术的能力,增强创新意识。

任务描述

随着科学技术的不断发展,自动化技术已经遍及工农业生产、交通运输、国防建设、航天事业及日常生活等领域。其已经成为现代科学技术中最有发展前途的学科之一。自动化技术总是首先在陆地上产生和发展,然后应用于船舶,实现船舶自动化。船舶动力设备自动化是船舶自动化的重要内容,也被称为机舱自动化或轮机自动化。

 **任务实施**

活动1　叙述船舶动力设备自动化的概念、内容和优势

1. 船舶动力设备自动化的概念和基本内容

船舶动力设备自动化主要是指机舱自动化和轮机自动化。各种船舶上的机舱自动化和轮机自动化程度各有不同。现代船舶动力设备自动化的内容包括以下四项。

（1）推进装置的远距离操纵。推进装置指的是产生动力并推动船舶前进的一套机械。其通常由主机、轴系和螺旋桨组成，是动力装置的主要组成部分。所谓远距离操纵（或称遥控）是相对于"机旁"操纵来说的，是指在驾驶台或机舱集控室操纵推进装置，如图1-1所示。其功能主要包括主机的启动、停车，推进装置的换向，可调桨的螺距控制，离合器的脱开与结合等。

图 1-1　集控室操作台

（2）辅助机械设备的自动控制。除推进装置外，其他辅机和系统也可以实现自动控制。例如，船舶电站的自动启动，自动并网、脱网；各种泵、压气机的自动启停；滑油滤器的自动清洗；辅助锅炉的全自动控制等。

（3）工况参数的自动控制（自动调节）。动力装置的工作过程通常采用各种参数表示。采用自动控制仪表将这些工况参数自动地控制在规定的范围内，可以保证动力装置正常运行。常见的工况参数自动控制系统有燃油黏度的自动控制、压缩空气压力的自动控制和锅炉水位的自动控制等。

（4）监视、报警及故障保护。为了保证船舶和动力装置中各种机械设备安全，并能可靠地运行，需要设置各种检测仪表和信号灯，以随时了解各重要参数的大小及机械设备的运行状态。监视与报警系统可以不断地对各种参数进行自动巡回检测、自动记录、发生故障时自动报警，进一步还可以实现故障时自动降低负荷或停机，切换备用机组等故障保护措施。

上面四个方面都可以在轮机综合实训室实现。轮机综合实训室如图1-2所示。

图 1-2　轮机综合实训室

2. 船舶动力设备自动化的优点

船舶动力设备自动化的优点可以归纳为以下三个方面：

（1）减轻船员的劳动强度，减少船员人数。自动化装置能代替人工进行操作，使轮机人员远离了高温、高噪声的机舱环境，改善了工作条件，减轻了船员的劳动强度，减少了船员人数。

（2）提高或保证实现动力装置的技术性能。采用自动化装置可以避免因人为因素出现的操作或计算误差，解决了人工难以达到的频繁巡回检测与早期发现故障，大大提高了设备运行的安全可靠性。

（3）提高了船舶的经济性能。自动化既可以减少船员人数，减少人员开支，又可以提高或保证实现动力装置的技术性能，提高设备的可靠性，减少维修费用，加快船舶的运输周期，使一些设备以最佳状态运行，降低消耗，大大提高了船舶的经济性。

学习笔记：

活动 2　叙述船舶动力设备自动化的发展历程

船舶动力设备自动化的发展主要经历了以下五个阶段：

1. 第一阶段——常规机舱

该阶段指的是在 1960 年以前，机舱中只有局部的机组、系统采用了自动化技术，还没有构成一个完整的集中控制系统。常见的自动化设备有锅炉燃烧装置和给水装置自动调节、空气压缩机的压力开关等。

2. 第二阶段——集中控制机舱（一人值班机舱）

1960 年以后，开始发展机舱集中监视和遥控，在机舱内设置机舱集控室，只需要一人值班就可对机舱内的设备进行集中监视和遥控。

3. 第三阶段——"无人机舱"

所谓"无人机舱"，就是利用自动化设备代替轮机人员在机舱值班期间的操作管理工作，从而达到在一段时间（如 8 h、24 h、36 h）内机舱无人值班也可正常运行的目的。这类船舶除机舱集控室外，还具有驾驶台主机遥控系统、火灾报警系统和灭火系统。可以说，实现了轮机全面自动化。

4. 第四阶段——计算机控制机舱

1969 年以后，开始出现采用大型计算机进行集中控制的超自动化船舶。在某种程度上这种控制已超出轮机自动化的范畴，实现了船舶的全盘自动化。

1973 年以后，又出现了采用多台微型计算机，对机舱、导航、舾装等系统进行控制的微机控制系统。计算机控制机舱如图 1-3 所示。

图 1-3　计算机控制机舱

5. 第五阶段——集散控制系统及网络系统

20 世纪 80 年代末到 90 年代初，计算机通信技术快速发展，新造的船舶采用网络型计算机监控系统。这种系统采用多计算机分布式控制的方法，不同的设备和系统仍然采用独立的微机控制，但微机之间可以进行数据通信，各个分散系统通过网络连成一体，便于实现集中管理和控制。

学习笔记：

任务 2　安装日光灯

任务要求

1. 知识要求

(1)船舶安全用电的基本知识；

(2)日光灯接线图。

2. 能力要求

(1)能够了解安全用电的基本知识；

(2)能够独立绘制日光灯接线图；

(3)能够正确安装日光灯。

3. 素质要求

(1)养成善于动脑、勤于思考、及时发现问题的学习习惯；

(2)提高理论联系实际的能力，培养分析和解决实际问题的能力；

(3)培养理性思维能力和科学求实精神；

(4)培养学习新技术的能力，增强创新意识。

任务描述

　　船舶安全用电是每个在船工作人员都应具有的知识，只有掌握安全用电知识才能有效避免触电事故的发生。

任务实施

活动 1　叙述安全用电常识

1. 触电的概念、伤害种类及触电方式

(1)触电的概念：人体触及带电体，受到较高电压或较大电流的直接或间接的伤害，称为触电。

(2)触电的伤害种类。按照触电伤害程度的不同，可分为电伤和电击两类。

1)电伤。电伤是指电路放电时，电弧或飞溅物使人体外部被灼伤。其是由电流的热效应使人体烧伤，烙上电的烙印。一般来说，电伤的伤害程度比电击轻，短期内可以恢复。

2)电击。电击是指人体直接接触带电部分，电流流过人体内部器官而造成的伤害。遇到电击时，轻者会发生肌肉痉挛、恶心、呼吸困难、血压升高、心律不齐等现象，只要几十毫安的电流通过呼吸中枢就会引起呼吸与心跳停止，导致死亡。

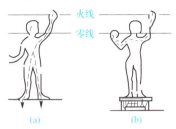

图 2-1 单线触电、双线触电

（3）触电方式。由于人体在触电时接触带电体的方式不同，电流流过人体的路径和伤害程度也不同。人体的触电方式一般可分为以下三种：

1）单线触电——在电源中性点接地的三相四线系统中，人体碰触到某相电压，电流通过人体、船体和中性接地点形成闭合回路而触电，相电压对人体的危险性仍然较大，如图 2-1（a）所示。

2）双线触电——人体同时接触两相电压，承受的是线电压，危险性最大，如图 2-1（b）所示。

3）单相触电——人体在电源中性点不接地的绝缘制系统中触电，此时人体电阻与另外两相的绝缘电阻和寄生电容串联后接于线电压，其危险程度取决于人体电阻、相线与船体之间的绝缘电阻和电网寄生电容的大小，如图 2-2 所示。

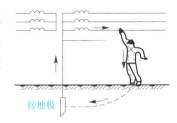

图 2-2 单相触电

2. 影响触电伤害程度的因素

（1）与电流种类有关。直流电对人体血液有分解作用，交流电对人的神经有破坏作用，通常交流电对人体伤害程度要大于直流电。

（2）与流过人体的电流量大小有关。一般情况下，当流过人体的交流电流在 15～20 mA 以下时，人体是安全的，此时人的头脑清醒，自己有能力摆脱带电体；而当电流达到 50 mA 以上时，人体的心脏受到严重损害，导致立即死亡。

（3）与交流电流频率有关，50 Hz 或 60 Hz 的工频电流对人体的伤害最大。当频率增高到 2 000～2 500 Hz 时，对人体的危害性降低。频率再增高时，电流对人的伤害程度就再次降低。

（4）与电压高低和电流持续时间有关。当加于人体的电压小于 36 V 时，由于人体自身电阻的作用，通过人体的电流不会超过 50 mA，不至于伤害人身。因此，规定 36 V 以下为安全电压；当电压超过 36 V 时，就有可能危及人身安全。电压越高，危害性越大，1 000 V 以上的高电压能很快使人停止呼吸和心跳从而导致死亡。

（5）流经人体的电流持续时间越长，对人体造成的伤害就越严重。经验证明，100 mA 的电流通过人体持续 0.2 s 以上时，就完全可能置人于死地。

（6）与电流流过人体的路径有关。若电流经过人体其他部位而不经过心脏，则危险性会相对较小，而触电电流经过心脏的危险性最大。但是人体任何部位触电，都能引起呼吸神经中枢急剧失调，丧失知觉，甚至死亡。

（7）人体电阻和人体的体质有关。人体电阻因人而异，但在一般情况下，干燥洁净的皮肤，人体电阻可达 40～50 kΩ。皮肤潮湿时可降到 1 kΩ 以下，如皮肤破损，人体电阻将降低至 600～800 Ω，使触电的危险性增大。

3. 安全电压

(1)国际上通用的可允许接触的安全电压可分为以下三种情况：

1)人体大部分浸于水中的状态：其安全电压小于 2.5 V。

2)人体显著淋湿或人体一部分经常接触到电气设备的金属外壳或构造物的状态：其安全电压小于 25 V。

3)除以上两种情况外，对人体加有接触电压后，危险性高的接触状态：其安全电压小于 50 V。

(2)我国根据发生触电危险的环境条件将安全电压分为三种类别，其界限值分别为：

1)特别危险(潮湿、有腐蚀性蒸汽或游离物等)的建筑物，为 12 V。

2)高度危险(潮湿、有导电粉末、炎热高温、金属品较多)的建筑物，为 36 V。

3)没有高度危险(干燥、无导电粉末、非导电地板、金属品不多等)的建筑物，为 65 V。

4. 触电原因、预防措施及安全用电规则

(1)触电原因。

1)缺乏安全用电意识，违反操作标准或错误操作而触电。

2)遇到紧急修理情况，紧张过度，举措失当，意外触及带电体而触电。

3)电气设备年久失修，绝缘破坏，且未妥善接地，人体接触到此类设备的金属外壳而触电。

(2)预防措施。强化安全用电意识，强化应急应变能力的训练。沉着冷静，忙而不乱，严格遵守安全操作规程。做好电气设备的维修保养工作，发现问题及时解决。

(3)安全用电规则。

1)工作服应扣好衣扣，必要时扎紧裤脚，不应将手表、钥匙等金属带在身边，工作时应穿电工绝缘鞋。

2)检查自己的工具是否完备良好，如各种钳柄的绝缘、行灯、手柄、护罩等，如发现有欠缺，则应及时更换。

3)电气器具的电线、插头必须完好，插头应与插座吻合，无插头的移动电器不准使用，36 V 以上的电器外壳必须安全接地。

4)不要先开启开关后接电源(指手提电器)，禁止用湿手或在潮湿的地方使用电器或开启开关。

5)在任何线路上修理时，应从电源进线端拿走熔断器，并挂上警告牌。修理完毕后，在通电前应先查看相关线路上有无其他人在工作，确定无人后，才可以安装上熔断器，合上开关。

6)换熔丝时，一定要先拉断开关，并换上规定容量的熔丝，不得用铜丝或其他金属丝代替。

7)检查电路是否带电，只能用万能表、验电笔和灯，在未确定无电前不能进行工作，带电作业必须经由电气负责人批准，作业时必须由两人一同进行。在带电作业时，尽可能

用一只手触及带电设备及进行操作。

8)在带电设备上严禁使用钢卷尺等金属尺进行测量工作。

9)高空作业(距离地面1 m以上)时,应系安全带,以防止失足或触电坠落,同时要注意保管所携带的工具、器材,防止失手落下伤人和损坏设备。

10)在维修和检查有大电容的电气设备时,应将电容器充分放电,必要时可先予以短接。

11)在机舱工作时,应有适当的照明,所用灯具电压应符合安全标准。

12)工作完毕后,应检查清点工具,不要遗留。特别是在配电板、发电机等重要设备附近工作时更应注意。另外,工作完毕后应注意将不必要的灯或未燃尽的火熄灭。

13)严禁使用四氯化碳作清洁剂。

5. 触电的应急措施

(1)就近拉断电源开关或熔断器,或采用干燥不导电的衣物器具使触电者迅速脱离电源。

(2)将触电者置于通风温暖的处所,对呼吸微弱或已停止呼吸的要实施人工呼吸或心脏按压抢救。只要触电者没有明显的死亡症状,就应坚持抢救。

学习笔记:

活动 2　日光灯接线方法

1. 设备主要照明设备系统

日光灯照明系统主要由日光灯、电源开关、电闸、灯座、启辉器、镇流器等器材组成。

(1)日光灯灯管结构如图 2-3 所示。

(2)镇流器。镇流器是一只具有铁芯的电感线圈。其有两个作用：一是在启动时与启辉器配合，产生瞬时高压，点燃灯管；二是在工作时限制灯管中的电流，以延长灯管的使用寿命。

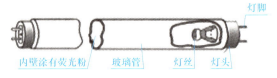

图 2-3　日光灯灯管结构

(3)启辉器。启辉器的作用是使电路接通和自动断开，相当于一个自动开关。

2. 日光灯电路原理图

日光灯电路原理图如图 2-4 所示。

3. 日光灯接线方法

日光灯接线方法如图 2-5 所示。

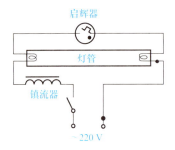

图 2-4　日光灯电路原理图

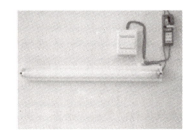

图 2-5　日光灯接线方法

学习笔记：

_____

_____

_____

_____

_____

_____

活动 3　日光灯接线实训

任务工单见表 2-1。

表 2-1　任务工单

学习领域	船舶动力设备自动控制				
任务名称	安装日光灯	学时	2	班级	
学生姓名		学号		组别	任务成绩	
任务描述	接受安装日光灯任务工单，查阅相关资料，了解日光灯工作原理，正确完成日光灯接线				
场地、设备	电训化实训室、电工实训台				
资讯	1. 描述日光灯电路电气元件： 2. 了解各个电气元件功能： 3. 画出日光灯电气原理图：				
计划与决策	请根据任务要求，确定所需要的知识、设备、工具，并对小组成员进行合理分工，制订完成安装日光灯任务的详细方案。 　1. 写出实施方案： 　2. 小组人员分工： 　3. 所需要的知识、设备、工具：				

	日光灯接线	
实施	步骤一：调试前准备工作 1. 技术准备： 2. 工具准备： 3. 对象准备： 步骤二：线路的连接	
	遇到的问题	解决的问题
	1.	
	2.	
	3.	
	4.	
	5.	
检查	学生自查： 指导教师检查：	

任务工单完成情况评价见表 2-2。

表 2-2　任务工单完成情况评价

评价	自我评价						评分(满分 10 分)
	组内互评	学号	姓名	评分(满分 10 分)	学号	姓名	评分(满分 10 分)
	注意：最高分与最低分相差最少 3 分，同分人最多 3 个，某一成员分数不得超平均分±3 分。						
	小组互评						评分(满分 10 分)
	教师评价						评分(满分 10 分)
签字	任务完成人签字：　　　　　　日期：　　年　　月　　日						
	指导教师签字：　　　　　　日期：　　年　　月　　日						

学习笔记：

_____

_____

_____

_____

_____

_____

任务3 排查日光灯不亮故障

任务要求

1. 知识要求

(1)万用表结构;

(2)日光灯电气图。

2. 能力要求

(1)能够正确使用万用表;

(2)能够运用万用表排查日光灯不亮故障。

3. 素质要求

(1)养成善于动脑、勤于思考、及时发现问题的学习习惯;

(2)提高理论联系实际的能力,培养分析和解决问题的能力;

(3)培养理性思维能力和科学求实精神;

(4)培养学习新技术的能力,增强创新意识。

任务描述

日光灯电路是基本电学电路,学会使用万用表,根据日光灯电路图分析排查日光灯电路故障。

任务实施

活动1 正确使用万用表

1. 万用表的种类

万用表主要有指针式万用表(图 3-1)和数字式万用表(图 3-2)。

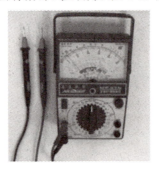

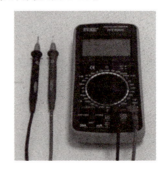

图 3-1 指针式万用表　　　　图 3-2 数字式万用表

2. 指针式万用表表盘名称

指针式万用表表盘名称如图 3-3 所示。

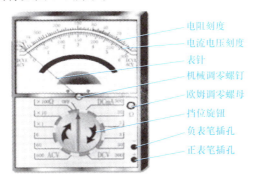

电阻刻度
电流电压刻度
表针
机械调零螺钉
欧姆调零螺母
挡位旋钮
负表笔插孔
正表笔插孔

图 3-3　指针式万用表表盘名称

3. 用万用表测量电阻

（1）机械调零。在测量前，应检查指针是否在机械零位，如果不在机械零位，应进行机械调零，如图 3-4、图 3-5 所示。

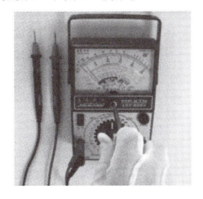

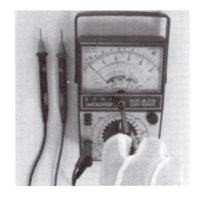

图 3-4　机械调零前　　　　　　　　　　图 3-5　机械调零后

（2）欧姆调零。将挡位旋钮旋转到所选择的合适的电阻挡，然后短接两表笔，调整表盘下面的零欧姆调整器，使指针正确指示在 0 Ω 处，如图 3-6、图 3-7 所示。

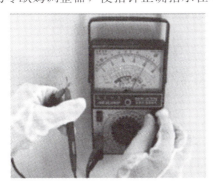

图 3-6　欧姆调零动作前　　　　　　　　图 3-7　欧姆调零动作后

（3）测量和读数。将两表笔稳定接触电阻的两端，待万用表指针稳定后读取指示值，为了数据精确，读数时应使视线、指针、刻度线呈垂直线，最后的测量值是该指示值乘以量程值，如图3-8所示。

图3-8　测量电阻读数

（4）使用数字式万用表测量电阻。

1）记录偏差值。将挡位旋钮旋转到所选择的合适的电阻挡，然后短接两表笔，看数字式万用表是否归零，不归零就记录偏差值，如图3-9、图3-10所示。

图3-9　归零偏差值动作前

图3-10　归零偏差值动作后

2）测量和读数。将两表笔稳定接触电阻的两端，待万用表上数值稳定后读取数值，最后的测量值是该指示值减去偏差值，如图3-11所示。

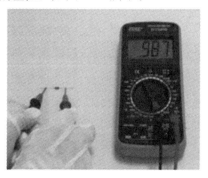

图3-11　测量读数动作后

(5)测量电阻的注意事项。

1)为了提高测量的精度和保证被测对象的安全，必须正确选择合适的量程挡，一般测电阻时，要求指针在全刻度的1/3～2/3的范围内，这样测试精度才能满足要求。

2)由于量程挡不同，测量电流大小也会不同。量程挡越小，测量电流越大，否则相反；所以，如果用万用表的小量程欧姆挡R×1挡、R×10挡去测量小的未知电阻时，未知电阻上会通过大的电流，如果该电流超过了未知电阻所允许通过的电流，未知电阻会烧毁，或者将指针打弯；所以，在测量不允许通过大电流的电阻时，万用表应置于大量程的欧姆挡上，同时，量程挡越大，内阻所接的电池电压越高，因此，在测量不能承受高电压的电阻时，万用表不宜在大量程的欧姆挡上。

3)测量较大的电阻时，手不可以同时接触被测电阻的两端，反之，人体电阻就会与被测电阻并联，使测量结果不正确，测试值会大大减小；另外，要测电路上的电阻时，应将电路的电源切断，否则会使测量结果不准确(相当于再外接一个电压)，还会使大电流通过微安表头，将表头烧坏。同时，还应该将被测电阻的一端从电路上焊开，再进行测量，测得的是电路在该两点的总电阻。

4)万用表使用完毕不要将量程开关放在欧姆挡上，为了保护微安表头，以免下次开始测量时不慎烧坏表头。测量完成后，应注意将量程开关拨在直流电压和交流电压的最大量程位置，千万不要放在欧姆挡上，以防两支表笔万一短路时，将内部干电池全部耗尽。

4. 用万用表测量直流电压

(1)使用指针式万用表测量直流电压。

1)机械调零。

2)测量和读数转换挡位旋钮旋转到所选择合适的直流电压挡，将两表笔稳定接触电池的两端，待万用表指针稳定后，读取所选择挡位对应的指示值，为了数据精确，读数时应使视线、指针、刻度线成垂直线，如图3-12所示。

(2)使用数字式万用表测量直流电压。

1)测量和读数。转换挡位旋钮旋转到所选择合适的直流电压挡，将两表笔稳定接触电池的两端，待万用表指针稳定后读取数值，该数值就是所测得的直流电压值，如图3-13所示。

2)测量直流电压的注意事项。

①测量电压时要选择好量程，如果用小量程去测量大电压，则会有烧表的危险；如果用大量程去测量小电压，则指针偏转太小，无法读数。量程的选择应尽量使指针偏转到满刻度的2/3左右。如果事先不清楚被测电压的大小，则应先选择最高量程挡，然后逐渐减小到合适的量程。

②直流电压的测量：将万用表的右边转换开关置于交流、直流电压挡上，左边转换开关置于直流电压的合适量程上，且"＋"表笔(红表笔)接到高电位处，"－"表笔(黑表笔)接到低电位处，即让电流从"＋"表笔流入，从"－"表笔流出。若表笔接反，则表头指针会反方向偏转，容易撞弯指针。

图 3-12　使用指针式万用表测量直流电压

图 3-13　使用数字式万用表测量直流电压

5. 用万用表测量交流电压

(1)使用指针式万用表测量交流电压。

1)机械调零。

2)测量和读数。转换挡位旋钮旋转到所选择合适的交流电压挡，将两表笔接通交流电，待万用表指针稳定后，读取所选择挡位对应的指示值，为了数据精确，读数时应使视线、指针、刻度线成垂直线，如图 3-14 所示。

图 3-14　使用指针式万用表测量交流电压

(2)使用数字式万用表测量交流电压。

1)测量和读数。转换挡位旋钮旋转到所选择合适的交流电压挡，将两表笔接通交流电，待万用表指针稳定后读取数值，就是所测得的交流电压值，如图 3-15 所示。

2)测量交流电压的注意事项。

①测量电压时要选择好量程，如果用小量程去测量大电压，则会有烧表的危险；如果用大量程去测量小电压，那么指针偏转太小，无法读数。

图 3-15　使用数字式万用表测量交流电压

量程的选择应尽量使指针偏转到满刻度的 2/3 左右。如果事先不清楚被测电压的大小时，应先选择最高量程挡，然后逐渐减小到合适的量程。

②交流电压的测量：将万用表的右边转换开关置于交流、直流电压挡上，左边转换开

关置于交流电压的合适量程上，万用表两表笔和被测电路或负载并联即可。

③不要在测量较高的电压(220 V)时拨动量程开关，以免产生电弧，烧坏转换开关的触点。

④在测量大于或等于100 V以上的交流高电压时，必须注意安全，最好将一支表笔固定在被测电路的公共地端，然后用另一支表笔去碰触另一端测试点。

⑤在测量有感抗的电路中的电压时，必须在测量后先将万用表断开再关闭电源，否则会在切断电源时，因为电路中感抗元件的自感现象，而产生高压将万用表烧坏。

学习笔记：

活动2 排查日光灯接线故障

1. 检查日光灯照明系统中的器件

（1）检查开关。将电源总开关和闸刀开关均关闭。第一步先检测按钮开关，依次拆卸外盖和开关盖，松开螺钉，拆开按钮开关，将开关从开关座中取出，并将开关背面移动至方便检测位置。

先用螺钉旋具将万用表调零，转动万用表旋钮，移动至欧姆挡 $R\times1$ kΩ 挡，红、黑笔短接，进行欧姆调零，然后开始检测，如图 3-16 所示。

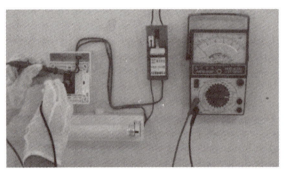

图 3-16 开关检查

1）先将开关打开，红、黑表笔分别接触开关输入接线端和输出接线端，万用表读数为"无穷大"，再将开关关闭，重新检测，万用表读数也为"无穷大"，则说明开关故障，需更换开关。

2）先将开关打开，红、黑表笔分别接触开关输入接线端和输出接线端，万用表读数为"零"，再将开关关闭，重新检测，万用表读数为"无穷大"，则说明开关正常。

（2）检查日光灯。将万用表调至欧姆挡 $R\times100$ Ω 挡，进行欧姆调零，红、黑表笔分别接触日光灯同一侧两个灯脚，如图 3-17 所示。

图 3-17 灯脚检查

1）若万用表读数为"无穷大"，则说明灯管内部灯丝已断，需要更换灯管。

2）若万用表读数为"零"，则说明灯管正常。

（3）检查启辉器。拆下光管和灯座盖后安装光管，打开按钮开关。将万用表调至250 V交流电压挡，测量启辉器上的电压。在通电情况下，将红、黑表笔分别接触启辉器座上裸露的接线端，如图3-18所示。

图 3-18　启辉器检查

1）若电压正常，则说明启辉器故障，需要更换启辉器。

2）若电压不正常，则说明启辉器正常，而其余线路断路。

（4）检查镇流器。先用万用表欧姆挡测量镇流器电阻，如图3-19所示。

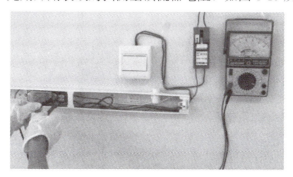

图 3-19　镇流器检查

1）若测得结果为∞，则说明镇流器已断路，需要更换镇流器。

2）若有读数，则说明镇流器正常。

（5）查看灯脚座。检查日光灯灯脚是否松动，用电笔检查灯脚座内弹片弹性是否良好，观测接线是否良好。

（6）检查室外日光灯的水密状况。对于室外灯具还应检查水密状况，查看灯座及玻璃罩是否有破损，进出线处的水密是否良好，灯座及玻璃罩连接处的水密橡胶是否良好。

2. 采用正确的方法检修日光灯照明线路故障

根据线路图检查线路，将万用表置于欧姆挡 $R \times 1$ kΩ 挡，检查线路是否连通，特别是对连接点两侧导体之间的阻值，若指针指示在∞，则说明该接点未连接好或接触不良，应重新连接好。

（1）检查线路一。根据电路图（图 3-20），检查电源到开关端的连线，观察万用表，若读数很小，则说明该段线路正常；若读数为"无穷大"，则说明该段线路断路，如图 3-21 所示。

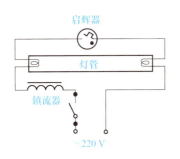

图 3-20　线路一电路图

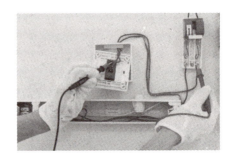

图 3-21　线路一检查

2）检查线路二。根据电路图（图 3-22），检查开关到镇流器端的连线，观察万用表，若读数很小，则表明该段线路正常；若读数为"无穷大"，则说明该线路断路，如图 3-23 所示。

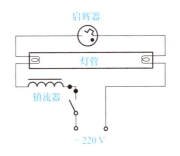

图 3-22　线路二电路图

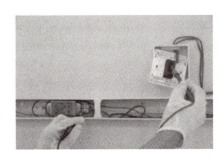

图 3-23　线路二检查

3）检查线路三。根据电路图（图 3-24），检查镇流器两端的连线，观察万用表，若读数很小，则说明该段线路正常；若读数为"无穷大"，则说明该段线路断路，如图 3-25 所示。

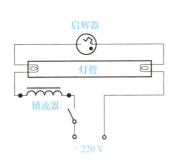

图 3-24　线路三电路图

图 3-25　线路三检查

4）检查线路四。根据电路图（图 3-26），检查镇流器另一端与灯管间的连线，观察万用表，若读数很小，则说明该段线路正常；若读数为"无穷大"，则说明该段线路断路，如图 3-27 所示。

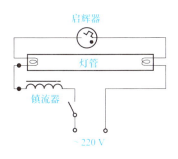

图 3-26　线路四电路图

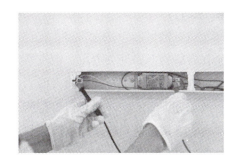

图 3-27　线路四检查

5）检查线路五。根据电路图（图 3-28），检查灯管一端与启辉器间的连线，观察万用表，若读数很小，则说明该段线路正常；若读数为"无穷大"，则说明该段线路断路，如图 3-29所示。

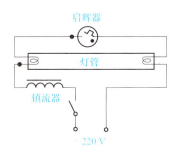

图 3-28　线路五电路图

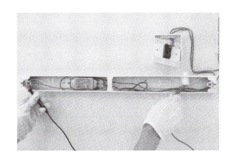

图 3-29　线路五检查

6）检查线路六。根据电路图（图 3-30），检查灯管另一端与电源间的连线，观察万用表，若读数很小，则说明该段线路正常；若读数为"无穷大"，则说明该段线路断路，如图 3-31所示。

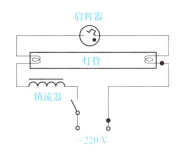

图 3-30　线路六电路图

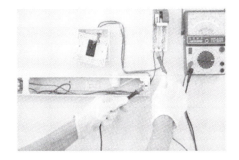

图 3-31　线路六检查

3. 检查注意事项

日光灯是常用的灯具，必须掌握故障的查找方法。可以用万用表电压挡（250 V）或欧姆挡进行查找。

(1)灯管不亮：用万用表电压挡(250 V)测量电源和启辉器两端电压，如电压正常，则继续查找。

(2)发生在启辉器，如没有电压，则表明线路有松脱，则再进一步查找。

(3)启辉困难：启辉器配合或电压太低。

(4)灯管两端亮中间不亮：启辉器没有断开或是电容击穿短路。

(5)镇流器有噪声：铁片松动或电压太高等。

(6)灯管两端发黑：灯管老化、镇流器不配套。

(7)镇流器过热：镇流器质量不佳，电压过高。

日光灯常见故障见表 3-1。

表 3-1　日光灯常见故障

故障现象	可能原因	处理方法
灯管不亮	无电压	检查电源
	灯座触点接触不良	重新安装灯管
	启辉器故障	转动启辉器，若不行，则更换
	镇流器故障	用万用表测量并排除
启辉困难	启辉器损坏或不配套	更换配套的启辉器
	电压太低	检查电源
	镇流器不配套	更换镇流器
	灯管老化	更换新灯管
灯管两端亮，中间不亮	启辉器触点短路或电容击穿	更换启辉器
镇流器有噪声	铁芯片松动	紧固铁芯
	铁芯质量差	更换镇流器
	电源电压太高	调整电压
镇流器过热	镇流器质量不佳	更换镇流器
	启辉器不佳，长时间触发	更换启辉器
	电源电压太高	检查电源

任务工单见表 3-2。

表 3-2　任务工单

学习领域	船舶动力设备自动控制				
任务名称	排查日光灯接线故障	学时	2	班级	
学生姓名		学号		组别	任务成绩
任务描述	接受排查日光灯接线故障任务工单，查阅相关资料，了解万用表的使用方法、日光灯故障排查方法，根据要求排查日光灯接线故障				

场地、设备	电训化实训室、日光灯实训箱及相关工具

资讯	1. 描述万用表测量电阻的方法： 2. 简述用万用表测量直流电压的方法： 3. 简述用万用表测量交流电压的方法： 4. 简述检查日光灯照明系统中的器件的方法： 5. 简述排查日光灯各种线路的方法：
计划 与 决策	请根据任务要求，确定所需要的知识、设备、工具，并对小组成员进行合理分工，制订完成排查日光灯接线故障任务的详细方案。 1. 写出实施方案： 2. 小组人员分工： 3. 所需要的知识、设备、工具：

	排查日光灯接线故障
实施	步骤一：实训前准备工作 1. 技术准备： 2. 工具准备： 3. 对象准备： 步骤二：检查日光灯照明系统中的器件 步骤三：排查日光灯各种线路故障

遇到的问题	解决的问题
1.	
2.	
3.	
4.	
5.	

检查	学生自查： 指导教师检查：

任务工单完成情况评价见表 3-3。

表 3-3　任务工单完成情况评价

评价	自我评价					评分(满分 10 分)
	组内互评	学号	姓名	评分(满分 10 分)	学号	姓名	评分(满分 10 分)
	注意：最高分与最低分相差最少 3 分，同分人最多 3 个，某一成员分数不得超平均分±3 分。					
	小组互评					评分(满分 10 分)
	教师评价					评分(满分 10 分)
签字	任务完成人签字：　　　　　　　　日期：　　　年　　月　　日　　　　　　指导教师签字：　　　　　　　　日期：　　　年　　月　　日					

学习笔记：

_____

_____

_____

_____

_____

_____

任务 4　调整电动差压变送器

**任务要求**

1. 知识要求

(1)船舶反馈控制系统组成;

(2)电动差压变送器结构;

(3)电动差压变送器的功用;

(4)电动差压变送器调整方法。

2. 能力要求

(1)能够熟练地区分反馈控制系统的各基本单元;

(2)能够正确地按照工况要求调试电动差压变送器;

(3)能够在差压变送器校验台校验电动差压变送器。

3. 素质要求

1. 养成善于动脑、勤于思考、及时发现问题的学习习惯;

2. 提高理论联系实际的能力,培养分析和解决反馈控制系统实际问题的能力;

3. 培养理性思维能力和科学求实精神;

4. 培养学习新技术的能力,增强创新意识。

任务描述

机舱中的各种运行参数的自动控制系统通常为反馈控制系统。一个完整的反馈控制系统由控制对象、测量单元、调节单元和执行机构四个单元组成,各个单元的地位和作用可以通过水箱水位自动控制系统来了解。电动差压变送器是单元组合式仪表中的测量仪表,其在自动控制系统中的作用是将各种被测参数(如温度、压力、黏度、液位、流量等)变换成标准的电流信号,然后将此信号送至调节器和显示仪表。根据实际工况要求调整电动差压变送器是需要掌握的一项技能。

**任务实施**

活动 1　叙述水箱水位自动控制系统的基本单元

水箱水位控制是常见的一种控制,水经进水阀进入水箱,经出水阀流出水箱供用户使用。图 4-1 所示为一游轮大型水箱水位自动控制系统原理。用户希望水源压力不变，因此，就要求水箱中的水位恒定不变。水箱中的水位受进水和出水量的影响，当二者相等时，水位不变，当出水量大于进水量时，水位下降；反之，水位上升。在使用过程中，用户的用水量（即水箱的出水量）是经常变化的，因而，水位也是经常变化的。所以，当水位偏离要求的高度时，就应该采取措施控制水位的变化。人工（手动）控制时，操作者用眼睛观察水位表，将实际的水位值报告给大脑，大脑将实际水位值与脑中的要求水位作比较。如果二者出现偏差，则大脑指挥双手改变进水阀的开度，改变进水量，使水位逐渐恢复到要求的水位。自动控制水位时，必须用一些自动化仪表来代替人的器官。例如，用测量仪表（差压变送器）代替人的眼睛，将实际水位值与要求水位的压差传递给调节器，调节器对水位压差进行分析，比较并输出控制信号传递给执行机构（电动阀门），执行机构代替人的双手，去改变进水阀的开度，改变流入水箱的进水量，自动地将水位保持在要求的水位。

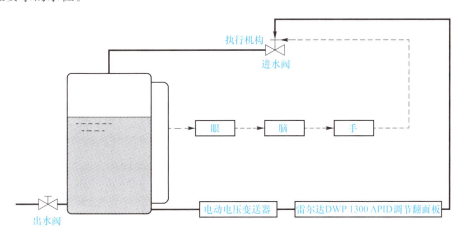

图 4-1 水箱水位自动控制系统原理

从图 4-1 中可以看出，一个基本的自动化控制系统由控制对象、测量单元、调节单元、执行机构四个单元组成，缺一不可。但有的自动控制系统为实现其他功能，还可以添加显示单元和附加单元等。

活动 2　调整电动差压变送器

电动差压变送器
认识和调试

（1）水箱水位自动控制系统的测量单元是电动差压变送器。其作用是测量实际水位对水箱底部的压力，并与要求水位的压力比较计算出压差，将压差转变为标准电流信号输出到调节器。在电动控制系统中，对应被控量的满量程，其统一的标准电流信号是 4～20 mA。为了便于理解，需要设定一个工作场景，在上面的水箱水位控制中，要求水位设定为 1 m，水位变化最大范围为 0.8～1.2 m。在这种情况下，可以通过压强公式计算得出以下数据：如图 4-2 所示，1 m 高度的水柱对水箱底部压力为 9.8

kPa，1.2 m 高度的水柱对水箱底部压力为 11.76 kPa，0.8 m 高度的水柱对水箱底部压力7.84 kPa。最大压差为－1.96～1.96 kPa。

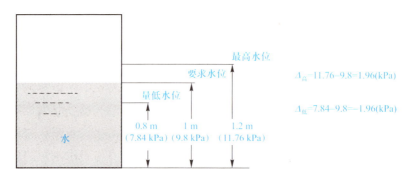

$$\Delta_{高}=11.76-9.8=1.96(kPa)$$

$$\Delta_{低}=7.84-9.8=-1.96(kPa)$$

图 4-2　水箱水位变化对底部压力图解

（2）现场使用的电动差压变送器是大连仪表厂生产的 1151GP 型电动差压变送器，外接24 V 电源电压，输出 4～20 mA 标准电流。电动差压变送器可分为测量部分、转换部分和显示调整三个部分，如图 4-3 所示。下部两个输入压力端 H 和 L 分别代表高压室和低压室为测量部分，H 端接实际压力水位压力，L 端接要求压力水位压力。中部为转换部分，通过转换电路将压差转变为电流变化。变送器上部有两个可以旋转安上和卸下的防水盖门。后盖门不透明，旋开后可以发现里面为外接电源接线柱，其作用是通过导线接 24 V 电源，前盖门透明，可以观察电动差压变送器仪表盘的显示数据。打开前盖，可以发现仪表盘上面有三个按键，下面有两个按键。上面三个按键从左到右分别为"退出"（ESC）、"移动"（MOVE）和"确认"（ENTER），下面两个按键分别为"向上"（UP）和"向下"（DOWN）。按键的具体使用方法见具体操作。仪表屏幕分两行，上一行为输出的数据，下一行为输出数据的单位。

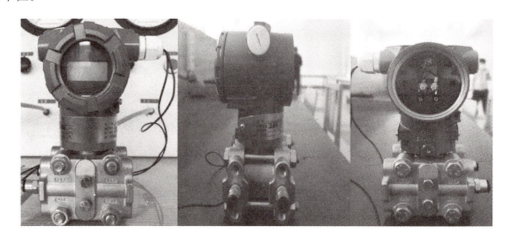

图 4-3　电动差压变送器外观

（3）电动差压变送器的调整步骤。

根据场景设置调整电动差压变送器的具体步骤：

1)调单位。连接好电路后，首先打开前盖，用手指按 ENTER 键 5 s，进入选择菜单栏；然后按 UP 键或 DOWN 键，选择 SUB0 菜单，按 ENTER 键，进入单位选择，再按 UP 键或 DOWN 键，选择单位 kPa，按 ENTER 键确定，回到菜单栏。其操作的作用是将单位由 mA 转成 kPa，以便后面输入零点和量程。

2)调零点。首先，在菜单栏按 UP 键或 DOWN 键，选择 SUB1 菜单，按 ENTER 键进入；其次，按 MOVE 键移动光标，按 UP 键或 DOWN 键，改变光标处数值，直到数值为 −1.96 停止，按 ENTER 键，返回到菜单栏。这个调整的作用是输入压差为 −1.96 kPa 时输出为 4 mA。注意光标在第一数字时，按 UP 键或 DOWN 键，可以调出负号"−"。这样就完成了调零点的操作。

3)调量程。首先，在菜单栏按 UP 键或 DOWN 键，选择 SUB2 菜单，按 ENTER 键进入；其次，按 MOVE 键移动光标，按 UP 键或 DOWN 键，改变光标处数值，直到数值为 1.96 时停止。再次，按 ENTER 键，返回到菜单栏。这个调整的作用是输入压差为 1.96 kPa 时输出为 20 mA。

4)调单位。首先，在菜单栏按 UP 键或 DOWN 键，选择 SUB0 菜单，按 ENTER 键进入；其次，按 UP 键或 DOWN 键，选择单位 mA，按 ENTER 键确定，回到菜单栏，再按 ESC 键退出菜单栏。

按照上面的场景设置调整电动差压变送器的操作就完成了，这个操作可以看成前面调单位操作的逆操作。

学习笔记：

活动3　电动差压变送器调试实训

任务工单见表4-1。

表 4-1　任务工单

学习领域			船舶动力设备自动控制			
任务名称	调整电动差压变送器		学时	2	班级	
学生姓名		学号		组别		任务成绩	
任务描述	接受电动差压变送器调试任务工单，查阅相关资料，了解电动差压变送器校验台结构功能、电动差压变送器调试过程，根据工况要求调试电动差压变送器					
场地、设备	电训化实训室、差压变送器校验台、电动差压变送器					
资讯	1.电动差压变送器外观和面板描述： 2.电动差压变送器校验台的功能和使用描述： 3.简述电动差压变送器调单位过程： 4.简述电动差压变送器调零点过程： 5.简述电动差压变送器调量程过程： 6.分析： (1)自动化控制系统的基本单元是(　　)。 　　A. 控制对象　　　　B. 测量单元　　　　C. 调节单元　　　　D. 执行机构 (2)电动差压变送器输出的标准电流信号正确的是(　　)。 　　A. 0～4 mA　　　　B. 0～20 mA　　　　C. 4～16 mA　　　　D. 4～20 mA					

计划与决策	请根据任务要求，确定所需要的知识、设备、工具，并对小组成员进行合理分工，制订完成电动差压变送器调试任务的详细方案。 1. 写出实施方案： 2. 小组人员分工： 3. 所需要的知识、设备、工具：
实施	电动差压变送器调试 步骤一：调试前准备工作 1. 技术准备： 2. 工具准备： 3. 对象准备： 步骤二：线路的连接 步骤三：调整步骤(调整顺序和要点)

遇到的问题	解决的问题
1.	
2.	
3.	
4.	
5.	

检查	学生自查： 指导教师检查：

任务工单完成情况评价见表 4-2。

表 4-2　任务工单完成情况评价

评价	自我评价						评分(满分 10 分)
	组内互评	学号	姓名	评分(满分 10 分)	学号	姓名	评分(满分 10 分)
		注意：最高分与最低分相差最少 3 分，同分人最多 3 个，某一成员分数不得超平均分±3 分。					
	小组互评						评分(满分 10 分)
	教师评价						评分(满分 10 分)
签字	任务完成人签字：　　　　　　　　　日期：　　年　　月　　日						
	指导教师签字：　　　　　　　　　日期：　　年　　月　　日						

拓展知识

1. 电动差压变送器的结构和工作原理

电动差压变送器是电动单元组合仪表的测量单元，其作用是检测各种参数并将被测参数转换成与之成比例的统一标准电流信号(分为 $0 \sim 10$ mA 或 $4 \sim 20$ mA 两种)。

图 4-4 所示为典型电动差压变送器示意。电动差压变送器是按力矩平衡原理进行工作的，其机械部分与气动差压变送器基本相同。当被测差压 $\Delta P = P_1 - P_2$ 增大时，测量膜片(或膜盒)1 左移，主杠杆 2 绕轴封膜片支点 O_1 顺时针偏转，通过主、副杠杆相连接簧片 6 使副杠杆 7 绕支点 O_2 逆时针旋转，位移检测铝片 4 靠近位移检测线圈 5，使线圈的电感量增大。其变化的感应电流经放大器 11 放大为 $4 \sim 20$ mA 直流电流 I_0，此 I_0 一方面输出到负载 R_L，同时，又流经处于永久磁铁 8 内的反馈线圈 9，使反馈线圈 9 受到的电磁力即反馈力增大，阻碍副杠杆 7 继续偏转。当反馈力输入差压所产生的输入力矩相等时，副杠杆 7 与位移检测铝片 4 停止运动，输出电流 I_0 稳定。此变送器的输出电流 I_0 与输入差压 ΔP 成正比。

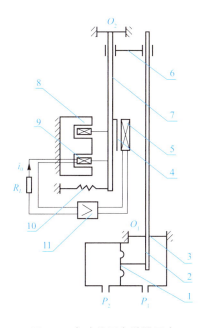

图 4-4　电动差压变送器示意

1—测量膜片；2—主杠杆；3—轴封膜片；4—位移检测铝片；

5—位移检测线圈；6—主、副杠杆相连接簧片；7—副杠杆；

8—永久磁铁；9—反馈线圈；10—调零弹簧；11—放大器

为了平衡变送器在安装时其他元件所造成的附加力矩，利用调零弹簧 10 进行零点调试。方法是：当 $\Delta P = 0$ 时，调节放大器 11 使 $I_0 = 4$ mA。

移动主、副杠杆相连接簧片 6，即改变反馈力矩的大小，可以调整变送器的量程。上移主、副杠杆相连接簧片 6，则量程扩大。反之，量程减小。方法是：施加相当于满量程的差压信号，上下移动主、副杠杆相连接簧片 6，使 $I_0 = 20$ mA。调零和调量程应反复进行，直到二者都符合要求为止。

2. 电容式差压变送器

电动差压变送器将被测量转化为 $4 \sim 20$ mA 的标准电流信号输出。目前，在船舶机舱中使用的电动差压变送器以电容式为主。

电容式差压变送器的基本组成如图 4-5 所示。电容式差压变送器可以分为测量和转换放大两部分。输入差压 ΔP 作用于测量部件的感压膜片，使其产生位移，从而使感压膜片（即可动电极）与两固定电极所组成的差动电容器的电容量发生变化。此电容变化由电容-电流转换电路转换成直流电流信号，电流信号与调零信号的代数和同反馈信号进行比较，其差值送入放大电路，经放大得到变送器的输出电流 I_0。

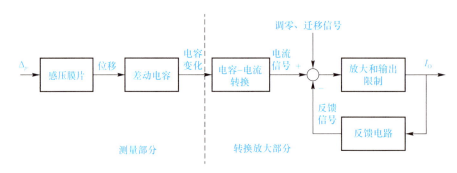

图 4-5 电容式差压变送器的基本组成

电容式差压变送器的整个结构无机械传动与调整装置采用差动电容作为检测元件，并用全封闭焊接的方式将测量部分进行固体化。因此，仪表结构简单，整机性能稳定、可靠，且具有较高的精度。

学习笔记：

_____

_____

_____

_____

_____

任务 5　整定调节器的参数

任务要求

1. 知识要求

(1)PID 调节规律和各自特征参数；

(2)DWP-1300A 调节器的面板；

(3)电动调节器的功用；

(4)电动调节器参数整定方法。

2. 能力要求

(1)能够叙述 PID 调节规律和各自特征参数；

(2)能够正确按照工况要求整定 DWP-1300A 电动调节器的特征参数；

(3)能够根据要求设定 DWP-1300A 电动调节器的上、下限报警值。

3. 素质要求

(1)养成善于动脑、勤于思考、及时发现问题的学习习惯；

(2)提高理论联系实际的能力，培养分析和解决反馈控制系统实际问题的能力；

(3)培养理性思维能力和科学求实精神；

(4)培养学习新技术的能力，增强创新意识。

任务描述

调节器可以被定义为按一定的调节规律使被控量稳定在给定范围内的设备，即进行调节的设备。调节器是自动控制系统中的核心。为了得到良好的动态过程，往往只能根据对象的动态特性选用合适的调节器，并整定好控制器的参数。调节器有多种调节规律可供选择，某些参数设计成可调的，以满足不同控制对象的要求。

任务实施

活动 1　认知 PID 调节规律

1. 比例调节规律(P 调节——Proportional Control)

(1)比例调节规律的概念。所谓比例调节规律，是指调节器的输出 Δy 与输入量(即被控量的偏差)Δx 成比例关系。具有比例调节规律的控制设备称为比例(P)控制器或比例(P)调节器。其数学表达式为

$$\Delta y = k \cdot \Delta x$$

式中　k——P 调节器的放大系数。

比例调节的特征参数为比例度 δ(PB)，比例度与放大系数成反比关系。δ 越大，k 越小，则比例作用越弱。比例度对控制过程有很大影响。如果比例度太大，则控制作用太弱，所得控制过程的动态偏差和静态偏差都很大，过渡时间会很长；如果比例度太小，则控制作用太强，控制作用太大，往往会造成过头，引起控制过程波动加剧，过渡时间延长，甚至出现等幅振荡和发散振荡等不稳定的过程。比例度太大或太小对控制系统的品质都是不利的。只有根据调节对象的特性，选择合适的比例度，才能同时兼顾控制过程的稳定性、准确性和快速性，获得最佳的控制对象。

(2)比例调节规律的特点。比例调节规律的优点是控制及时，在出现偏差的瞬间，控制器输出按比例变化，随即改变阀门的开度，动作迅速；比例调节规律的缺点是不能消除静差。

2. 积分调节规律(1 调节——Integral Control)

(1)积分调节规律的概念。积分调节规律是指调节器的输出量与输入量的积分成正比关系，常用 I 表示。其数学表达式为

$$P(t) = \frac{1}{T_i} \int e(t) \mathrm{d}t$$

式中　T_i——积分时间。

积分调节的特征参数为积分时间 T_i，其反映积分作用的强弱。T_i 大，积分作用弱，需要较长时间才能使偏差减小为零，过渡时间长；T_i 小，积分作用强，能较短时间消除偏差，但会加剧系统的振荡，使系统不稳定。只有根据调节对象的特性，选择合适的积分时间，才能同时兼顾控制过程的稳定性、准确性和快速性，获得最佳的控制对象。

(2)积分调节规律的特点。积分调节规律的特点是无静差，调节精度高，但过渡时间长，及时性较差。

一般情况下，积分调节与比例调节联合使用，不单独控制系统的调节过程。

3. 微分调节规律(D 调节——Differential Control)

微分调节规律是指调节器输出信号与输入信号偏差的变化速度成正比，即输出量与输入量的导数成正比。其数学表达式为

$$\Delta y = T_D \frac{\mathrm{d}\Delta x}{\mathrm{d}t}$$

式中　T_D——微分时间。

微分调节的特征参数为微分时间 T_D，其反映微分作用的强弱。T_D 太大，微分作用太强，容易出现调过头现象，增加控制过程的振荡次数；T_D 太小，微分作用太弱。

微分作用的输出量与输入偏差变化速度成比例，无论偏差大小，如果比例不变化，则没有微分作用。

微分作用不能单独使用，只起辅助作用，用在控制对象时间常数较大的控制系统中。

4. 比例积分调节规律(PI)

前面分析了比例调节的优点是及时，但有静差，而积分调节虽能消除静差，但因作用缓慢会使调节过程产生振荡，被控量会大幅度波动。因此，为了取长补短，就将比例调节和积分调节结合起来，吸取二者的优点，组成了比例积分调节规律，这是实际工程中广泛使用的一种调节规律。

比例积分调节的特征参数为积分时间 T_i 和比例度 PB。

5. 比例微分调节规律(PD)

比例调节的优点是及时，若有偏差，调节器就立即按偏差大小成比例地起作用。但实际上，当对象突然受到扰动时，被控量的偏差并不是突然增加的，这是因为控制对象有惯性，偏差是逐渐增加的。这样，在控制对象受到扰动后的短时间内，因为偏差较小，所以比例作用就较小，不能达到克服扰动的要求，偏差将继续增大。因此，从这个意义上说，比例调节也不是很及时的。因此，对一些滞后和惯性较大的控制对象，仅用比例或比例积分调节会使调节过程不及时而出现振荡。而微分调节规律可以用来弥补比例调节的不足之处。

比例微分调节的特征参数为微分时间 T_D 和比例度 PB。

6. 比例积分微分调节规律(PID)

通常对迟延和惯性不太大的控制对象，采用比例积分调节器已能满足各项性能指标的要求。但对于大惯性或大迟延的控制对象，就需要将比例、积分、微分三种调节规律结合起来，才能获得满意的控制效果。将这三种调节规律结合起来的调节器称为比例积分微分调节器，或称 PID 调节器。

在 PID 中，比例调节仍起主要的调节作用，积分调节起消除静差的辅助作用，而微分调节则起超前控制的辅助作用。

虽然 PID 的作用最全面、效果最好，但是并不意味着它就能适用于任何控制对象。这是因为 PID 中含有微分成分，因此，若对象的被控量会经常出现干扰信号，就不宜使用 PID 调节，而应采用 PI 调节。

学习笔记：

活动 2 整定 PID 调节器参数

1. 认识 DWP-1300A 调节器面板

本水箱水位自动控制系统使用的是大连雷达尔公司生产的 DWP-1300A 调节器，其面板如图 5-1 所示，分别为：①PV 屏，用于显示测量值；②SV 屏，用于显示设定值；③第一报警（AL1）、第二报警（AL2）指示灯，运行灯（RUN）和输出灯（OUT）；④"确认"键；⑤"移位"键；⑥"减少"键；⑦"增加"键。

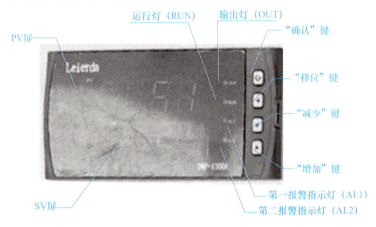

图 5-1　DWP-1300A 调节器面板

2. 根据场景设定整定数据

在 PID 调节规律中，比例调节起主要的调节作用，积分调节起消除静差的辅助作用，而微分调节则起超前控制的辅助作用。比例调节的特征参数是比例度，积分调节的特征参数是积分时间，微分调节的特征参数是微分时间。调节器的调整就是设定给定值和调整这些特征参数。如图 5-2 所示，根据场景最低水位 0.8 m，调节器输入为 4 mA，最高

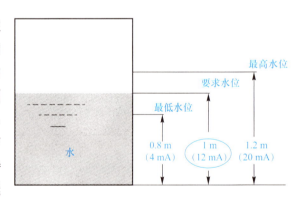

图 5-2　水箱水位对应输出电流示意

水位为 1.2 m，调节器输入为 20 mA，根据电动差压变送器是比例调节算得设定水位 1 m 输入为 12 mA 左右。另外，需要注意的是，比例度和积分时间设定从最大往小调整，微分时间从小往大调整，这样能保证系统的稳定性。并且要根据实际情况选择调节规律。

3. 调节器设定步骤

在自动化仪表实训台上连接好电路后，调节器的设定步骤如下：

(1)设定调节器的给定值，方法是按"确认"键 5 s 后进入控制目标值 SU 设定状态，按

"移位"键、"增加"键、"减少"键将设定值设定为给定值 12 mA。

（2）调整比例度。开始时一般为了系统的稳定性要将比例度设定为较大值 500，方法是按"确认"键进入一级参数设置，PV 屏显示 LOC，SV 屏显示参数的数字。按"确认"键菜单发生变化，选择 P 菜单，发现当前比例度是 30，按"移位"键、"增加"键、"减少"键将比例度设定为 500，即完成了比例调节的特征参数比例度的调节。

设定调节器
给定值

（3）设定积分时间。方法是按"确认"键进入一级参数设置，PV 屏显示 LOC，SV 屏显示参数的数字。按"确认"键菜单发生变化，选择 I 菜单，发现当前积分时间是 60，按"移位"键、"增加"键、"减少"键将参数设定为 400，即完成对积分调节的特征参数积分时间的设定。

调整比例度

（4）设定微分时间。微分时间与前面两个特征参数不同，要设定为最小值 0，也就是微分调节在开始时不起作用，这也是出于稳定性的考虑，具体方法是按"确认"键进入一级参数设置，PV 屏显示 LOC，SV 显示参数的数字。按"确认"键菜单发生变化，选择 d 菜单，发现当前微分时间是 100，按"移位"键、"增加"键、"减少"键将参数设定为 0，即完成对微分调节的特征参数微分时间的设定。

调整积分时间

（5）一般情况下，出于安全性考虑，还要设定上、下限报警值，具体方法是按"确认"键进入一级参数设置，PV 屏显示 LOC，SV 屏显示参数的数字。按"移位"键、"增加"键、"减少"键将 LOC 值设定为 132，长按"确认"键进入二级参数设置，这里需要强调 132 这个值是特设值，其是为进入二级菜单而设置的。按"确认"键，选择 ALR1，设定其值为 1，作用

设定上，下限
报警值

是第一报警值为下限报警；按"确认"键，选择 ALR2，设定其值为 2，作用是第二报警为上限报警；按"确认"键，选择 Pb（比例度），设定其值为 4，作用是零点迁移量为 4 mA；按"确认"键，选择 PL，设定其值为 4，作用是下限报警值为 4 mA；按"确认"键，选择 PH，设定其值为 20，作用是上限报警值为 20 mA；最后长按"确认"键进入实测状态。

（6）完成上述设定后，还需要改变三个特征参数的设定值，观察水位自动控制实际变化情况。

以上介绍的调小比例度和积分时间，调大微分时间，确定合理特征参数数值需要工作人员根据经验反复实践，以得到良好的调节效果。

学习笔记：
_____

_____

_____

_____

活动 3 整定电动 PID 调节器参数实训

任务工单见表 5-1。

表 5-1 任务工单

学习领域	船舶动力设备自动控制				
任务名称	整定电动调节器参数	学时	2	班级	
学生姓名		学号		组别	任务成绩
任务描述	接受电动调节器参数整定任务工单，查阅相关资料，了解差压变送器校验台结构功能、电动调节器参数整定过程，根据工况要求进行电动调节器参数整定				
场地、设备	电训化实训室、差压变送器校验台、电动 PID 调节器				
资讯	1. 电动 PID 调节器外观和面板描述： 2. 电动差压变送器校验台电路部分功能描述： 3. 简述电动调节器量程设定过程： 4. 简述电动调节器比例度设定过程： 5. 简述电动调节器积分时间设定过程： 6. 简述电动调节器微分时间设定过程： 7. 简述电动调节器设定报警上、下限值操作过程：				
计划与决策	请根据任务要求，确定所需要的知识、设备、工具，并对小组成员进行合理分工，制订完成整定电动调节器参数任务的详细方案。 1. 写出实施方案： 2. 小组人员分工： 3. 所需要的知识、设备、工具：				

	整定电动调节器参数
实施	步骤一：整定前准备工作 1. 技术准备： 2. 工具准备： 3. 对象准备： 步骤二：线路的连接 步骤三：整定步骤(调整顺序和要点)

遇到的问题	解决的问题
1.	
2.	
3.	
4.	
5.	

检查	学生自查： 指导教师检查：

学习笔记：

_____

_____

_____

_____

_____

任务6 认知执行器

1. 知识要求

(1)气动执行器的结构和工作原理;

(2)电动执行器的功能和分类;

(3)CHQ系列电动执行器的结构和功能;

(4)模拟机舱中的电动执行器和气动执行器。

2. 能力要求

(1)能够叙述执行器的作用和分类;

(2)能够正确按照工况要求将调节器和执行器连接起来;

(3)能够认识模拟机舱中的电动执行器和气动执行器,并说出其作用。

3. 素质要求

(1)养成善于动脑、勤于思考、及时发现问题的学习习惯;

(2)提高理论联系实际的能力,培养分析和解决反馈控制系统实际问题的能力;

(3)培养理性思维能力和科学求实精神;

(4)培养学习新技术的能力,增强创新意识。

任务描述

根据执行机构使用的能源种类,执行器可分为气动执行器、电动执行器、液动执行器三种。气动执行器具有结构简单、工作可靠、价格便宜、维护方便、防火防爆等优点,在自动控制系统中得到了广泛应用;电动执行器的优点是能源取用方便、信号传输距离远、传输速度快,缺点是结构相对复杂、推力小、价格贵,近年来随着变频器的广泛应用,在电动执行机构中也常用变频器对电动机进行变速控制;液动执行器的推力最大,但相对使用较少。

任务实施

活动1 叙述执行器的功能和分类

执行器是组成自动控制系统的四个基本单元之一。其作用是接受来自调节器的控制信号,改变调节阀的开度,从而改变流入或流出控制对象的物质或能量流量,以克服扰动,

使被控参数恢复到给定值或给定值附近。

1. 气动执行器

气动执行器以压缩空气作为动力能源，根据控制信号气压的大小和施加的方向，产生相应的推动力，来改变调节阀的开度。气动执行器由气动执行机构和调节阀两部分组成。气动执行机构是执行器的推动装置，产生推力；调节阀是执行器的调节部分，它直接与介质接触，调节流体介质的流量。气动执行机构包括气动薄膜执行机构和气动活塞执行机构两种。调节阀按其结构分为直通单座、直通双座、角形、三通、隔膜、蝶阀等多种形式。

气动执行器的调节阀开度变化量与输入的气压信号变化近似成比例关系，因而，执行机构可看作比例环节。

根据调节阀开度随输入气压信号的变化规律，气动执行器可分为气开式调节阀和气关式调节阀两种类型。若随着输入气压信号的升高，调节阀开度增大，则为气开式；若随着输入气压信号的升高，调节阀开度减小，则为气关式。控制系统无论采用气开式调节阀还是气关式调节阀，首先要考虑系统中装置的安全性，当发生供气气源中断、调节器故障、调节阀膜片破裂等情况时，应确保装置安全。

(1)气动薄膜调节阀。气动薄膜调节阀结构原理如图 6-1 所示。输入气压信号压力通常为 $0.02\sim0.1$ MPa，此信号通入波纹膜片 3 上方的薄膜气室，随着输入控制信号的增大，在波纹膜片 3 上产生一个向下的推力，膜片向下弯，使推杆 5 向下移动。推杆 5 通过阀杆 11 带动阀芯向下运动，使调节阀的开度发生变化。与此同时，弹簧 6 被压缩，直到弹簧 6 的反作用力与信号压力在波纹膜片 3 上产生的推力相平衡时，推杆 5 不再运动，调节阀开度保持不变。信号压力越大，在波纹膜片 3 上产生的推力越大，与其平衡的弹簧 6 反力也越大，于是弹簧 6 的压缩量即推杆 5 的位移量越大，调节阀开度变化量也越大。

调整调节件 8 的位置可以改变弹簧 6 的预紧力，确定输入信号的起始压力值，一般为 0.02 MPa。

气动薄膜调节阀具有结构简单、尺寸小等特点，适用场合比较广泛。但其推杆推力较小，在某些场合受到一定的限制。为使调节阀动作及时并能动作到位，常加装一个阀门定位器。

(2)带阀门定位器及其气动活塞执行机构。

1)阀门定位器。阀门定位器是一种与气动执行机构配套使用的辅助仪表。其基本功能是接受调节器的输出信号，然后控制气动执行机构动作，同时，将推杆的位移通过机械装置反馈到阀门定位器，定位器和执行机构组成一个闭合回路来控制调节阀的开度。

阀门定位器能够增大执行机构的输出功率，加快阀杆的移动速度，减少调节信号的传递滞后。它还可以克服推杆移动时产生的摩擦力和阀芯不平衡力，通过负反馈实现阀位控制的精确定位及稳定，通过更换反馈元件可以实现对调节阀整体流量特性的变换。

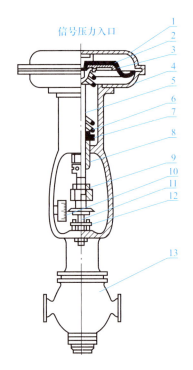

信号压力入口

图 6-1　气动薄膜调节阀结构原理

1—上膜盖；2—硬芯；3—波纹膜片；4—下膜盖；5—推杆；6—弹簧；7—弹簧座；
8—调节件；9—连接阀杆螺母；10—标尺；11—阀杆；12—压板；13—调节阀

2)气动活塞执行机构。带阀门定位器的气动活塞执行机构结构原理如图 6-2 所示。其中，虚线框内部分是阀门定位器。调节器输出的控制信号送入阀门定位器的波纹管 1，若控制信号增大，杠杆 2 绕支点逆时针转动，挡板 5 离开下喷嘴 6，下喷嘴 6 背压降低，经功率放大器 7 放大送至气缸 11 中活塞的下部空间。同时，挡板 5 靠近上喷嘴 4，上喷嘴 4 背压升高，经功率放大器 3 放大送至气缸 11 中活塞的上部空间。这样，在活塞 10 的上、下两侧产生压差，活塞 10 在压差的作用下下移，带动阀芯下移关小调节阀(气关式)。在活塞和

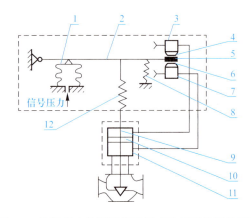

图 6-2　带阀门定位器的气动活塞执行机构结构原理

1—波纹管；2—杠杆；3、7—功率放大器；
4—上喷嘴；5—挡板；6—下喷嘴；8—调零弹簧；
9—推杆；10—活塞；11—气缸；12—反馈弹簧

活塞杆下移时，活塞杆将拉伸反馈弹簧 12。当反馈弹簧 12 使杠杆 2 对支点产生的反馈力矩与由波纹管 1 使杠杆对支点产生的力矩相平衡时，调节阀即稳定在一个开度上。当调节器送来的控制信号减小时，其动作过程与上述方向相反。

气动活塞执行机构的阀杆推力较大，适用于需要较大轴向推力来开或关调节阀的场所。

2. 电动执行器

电动执行器是接受调节器发出的调节信号后执行某种功能的设备。其按照运动方式可分为角行程和直行程(其中角行程可分为多回转和部分回转,直行程通常为推拉式结构)。电动执行器常用于配套各种阀门构成电动阀门或电动调节阀(如球阀、蝶阀、闸阀、调节阀、单座阀等)。其优点是能源取用方便,信号传输速度快,传输距离远,便于集中控制,灵敏度和精度较高,与电动调节仪表配合方便,安装接线简单;缺点是结构复杂,推力小,平均故障率高于气动执行器,适用于防爆要求不高,气源缺乏的场所。CHQ 系列电动执行器就是一种常见的电动执行器。

学习笔记:

活动 3 寻找模拟机舱内的执行器

任务工单见表6-1。

表6-1 任务工单

学习领域	船舶动力设备自动控制				
任务名称	寻找轮机综合实训室中的执行器	学时	2	班级	
学生姓名		学号		组别	任务成绩
任务描述	接受寻找模拟机舱内的执行器任务工单，查阅相关资料，了解执行器结构功能，寻找轮机综合实训室中的各类执行器				
场地、设备	轮机综合实训室、气动执行器、电动执行器				
资讯	1. 简述气动执行器的结构： 2. 举例说明气开式和气关式执行器的选用原则： 3. 简述电动执行器的分类和优点、缺点： 4. 简述执行器与调节器之间的连接方法和行程调整过程：				
计划与决策	请根据任务要求，确定所需要的知识、设备、工具，并对小组成员进行合理分工，制订完成寻找轮机综合实训室中的执行器任务的详细方案。 1. 写出实施方案： 2. 小组人员分工： 3. 所需要的知识、设备、工具：				

	寻找轮机综合实训室中的执行器
实施	步骤一：实训前准备工作 1. 技术准备： 2. 工具准备： 3. 对象准备： 步骤二：找到模拟机舱中的气动执行器并拍照，说明其作用 步骤三：找到模拟机舱中的电动执行器并拍照，说明其作用

遇到的问题	解决的问题
1.	
2.	
3.	
4.	
5.	

检查	学生自查： 指导教师检查：

任务工单完成情况评价见表 6-2。

表 6-2　任务工单完成情况评价

评价	自我评价						评分(满分 10 分)
	组内互评	学号	姓名	评分(满分 10 分)	学号	姓名	评分(满分 10 分)
	注意：最高分与最低分相差最少 3 分，同分人最多 3 个，某一成员分数不得超平均分±3 分。						
	小组互评						评分(满分 10 分)
	教师评价						评分(满分 10 分)
签字	任务完成人签字：　　　　　　　　日期：　　年　　月　　日 指导教师签字：　　　　　　　　日期：　　年　　月　　日						

学习笔记：

_____

_____

_____

_____

_____

_____

任务 7 拆装和调校实训气动差压变送器

任务要求

1. 知识要求

(1)气动差压变送器的结构和工作原理；

(2)差压变送器实验台工作原理；

(3)气动差压变送器工作时调试方法；

(4)气动差压变送器使用注意事项；

(5)气动差压变送器常见故障；

(6)气动定值器的结构和工作原理。

2. 能力要求

(1)能够叙述气动差压变送器工作原理；

(2)能够进行气动差压变送器调零、调量程操作；

(3)能够进行气动差压变送器迁移。

3. 素质要求

(1)养成善于动脑、勤于思考、及时发现问题的学习习惯；

(2)提高理论联系实际的能力，培养分析和解决反馈控制系统实际问题的能力；

(3)培养理性思维能力和科学求实精神；

(4)培养学习新技术的能力，增强创新意识。

任务描述

气动差压变送器是单元组合式仪表中的测量仪表，它在自动控制系统中的作用是将各种被测参数(如温度、压力、黏度、液位、流量等)变换成标准的信号，然后将此信号送至调节器和显示仪表。根据被测参数的不同，变送器可分为温度变送器、压力变送器、差压变送器等。虽然气动差压变送器的类型、品种很多，但在结构上无论哪种变送器都是由测量和气动转换两部分组成。不同被测参数的变送器，有着共同的气动转换部分，不同的只是测量部分。

任务实施

活动 1 叙述气动差压变送器的结构和工作原理

1. 气动差压变送器的结构和工作原理

气动差压变送器是测量差压的仪表。具体应用时，除可以直接测量差压外，还可以间接测量液位、流量、黏度等参数。气动差压变送器的结构形式很多，其中单杠杆差压变送器结构原理如图 7-1 所示。

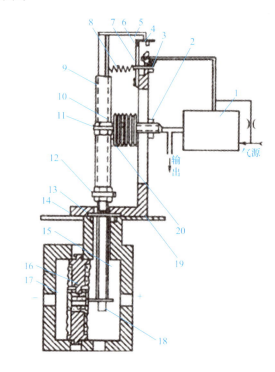

图 7-1　单杠杆差压变送器结构原理

1—放大器；2—锁紧螺钉；3—迁移螺钉；4—顶针；5—顶针架；

6—喷嘴；7—挡板；8—迁移弹簧；9—主杠杆；10—反馈波纹管；

11—锁紧螺母；12—静压误差调节螺母；13—密封簧片；14—支架；

15—正压室；16—膜盒；17—负压室；18—锁紧螺母；19—底板；20—量程调节支点

气动差压变送器由测量和气动转换两部分组成。

(1)测量部分由正压室、负压室、测量膜盒、主杠杆、密封簧片等组成。其作用是将被测的差压信号变成挡板的微小位移。

测量膜盒是将金属膜片焊接在硬芯和基座上，制造时膜盒内先抽成真空，然后充注硅油。测量膜盒外观如图 7-2 所示。硅油是一种低凝固点和膨胀系数较小的有机硅化合物，在膜盒内作为传递压力的介质，使膜片的运动受到阻尼，防止膜片以至变送器振荡。单向过载保护圈和硅油可防止膜盒在单向受力时被压坏。在正常工作时，膜盒左、右腔内的硅油是彼此相通的，一旦操作错误，就会造成膜盒单方向受力过大，这时由于硅油的阻尼作用，膜片缓慢位移，当硬芯与单向过载保护密封圈接触时，硅油的通路被阻塞不能左右流动，又因硅油是不可压缩的液体，所以膜片不再有位移，过大的单向作用力则由膜片经硅油全部被膜盒基座承担。这样，就防止了因膜片位移过大而造成损坏。密封簧片是测量室的密封装置，同时，又是主杠杆转动的弹性支点，所以，要求既有良好的密封性和耐腐蚀性，又有良好的弹性和机械强度。

图 7-2　测量膜盒外观

（2）气动转换部分由主杠杆、喷嘴挡板机构、功率放大器、反馈波纹管、调零和迁移弹簧等组成，如图 7-3 所示。其作用是将测量部分输出的挡板微小位移转换成 0.02～0.1 MPa 的气压信号作为差压变送器的输出。

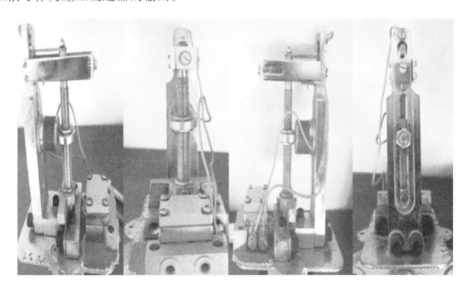

图 7-3　差压变送器盒内结构

气动差压变送器按力矩平衡原理工作。当测量膜盒两侧的（$\Delta p = p_1 - p_2$）增大时，在膜盒上产生一个轴向推力，膜片受力向左移动，因为膜片和主杠杆是连接的，所以主杠杆就受到一个以密封簧片为支点的顺时针方向的测量力矩。主杠杆绕支点顺时针转动，使挡板有一个微小的位移靠近喷嘴，喷嘴背压升高，经功率放大器放大后作为差压变送器的输出 $p_出$。与此同时，$p_出$ 进入反馈波纹管产生一个反馈力矩，使比较杠杆受到一个以密封簧片为支点的逆时针方向的反馈力矩。当作用在杠杆上的两个力矩平衡时，主杠杆不再转动，并稳定在一个新的位置上，喷嘴挡板之间的开度不再变化，此时，气动差压变送器的输出压力就稳定在比原来大的值上，变送器又处于新的平衡状态。当差压减小时，同样会使输出压力相应的减小。

总之，气动差压变送器的输出压力与其输入压差之间具有一一对应的关系。

2. 气动差压变送器校验台工作原理

在认真学习电动差压变送器的结构和工作原理的基础上，参考气动差压变送器的使用方法，设计气动差压变送器校验台，其原理如图 7-4 所示。

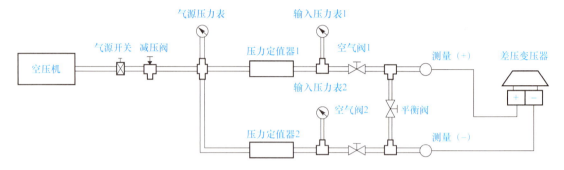

图 7-4　气动差压变送器校验台原理图

图 7-4 中由空压机出来的压缩空气经气源开关、减压阀减压为 0.14 MPa 的标准气源压力，再经气源压力表显示后分成两路。其中第一路经压力定值器 1 调整，再经输入压力表 1（精密压力表）显示，通过空气阀 1、测量（＋），输入电动差压变送器正压室；另一路与第一路相似，输入电动差压变送器负压室。通过压力定值器，可以精准地调整压力的大小；通过精密压力表可以在知道压力定值器的输出压力大小的同时，还可以知道通入正负压室的压力大小。空气阀 1 和空气阀 2 可以截断和接通输入差压变送器的压力，实验时两阀同时截止或接通，以避免压差过大损坏差压变送器的膜盒。平衡阀在接入差压变送器时就要打开，试验时关闭。其作用是防止错误操作损坏仪表。气动差压变送器校验台面板如图 7-5 所示。

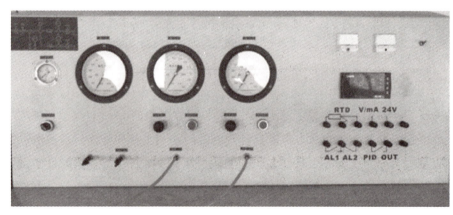

图 7-5　气动差压变送器校验台面板

3. 气动差压变送器的调试

（1）调零和调量程。在气动差压变送器初次投入工作前，必须先根据测量信号 Δp 的最大变化范围调好零点和量程。所谓调零点，就是当测量信号 $\Delta p = 0$ 时，使差压变送器的输出 $p_{出} = 0.02$ MPa。若输出 $p_{出}$ 不等于 0.02 MPa，则可调整调零弹簧的拉力，改变挡板与喷嘴之间的初始开度，使 $p_{出} = 0.02$ MPa。所谓调量程，就是当测量信号达到最大值时，使输出 $p_{出} = 0.1$ MPa。若输出 $p_{出}$ 不等于 0.1 MPa，则可改变量程支点的位置（即反馈波纹管的上、下位置）或反馈波纹管的有效面积，使 $p_{出} = 0.1$ MPa。

调零和调量程以测量信号 Δp 的最大变化范围是 $0 \sim 1\,000$ mm 水柱输入为例。首先调零，先将量程支点固定在某一位置，将 0.14 MPa 的气源送入变送器，然后使变送器的正压室和负压室均通大气，$\Delta p = 0$，观察变送器的输出压力表是否指示在 0.02 MPa 上。若零点错误，则可旋转相应的螺钉改变调零弹簧的拉力，直到输出压力 $p_{出} = 0.02$ MPa 为止。零点调好后，开始调量程。逐渐增大正压室的压力，也即 Δp 增大，直到 $p_{出} = 0.1$ MPa 为止，观察正压室的压力是否为 $1\,000$ mm 水柱。若不是，如低于 $1\,000$ mm 水柱，则说明量程小了，这时可松开量程调节支点（反馈波纹管）的锁紧螺母，将反馈波纹管上移后再将螺母锁紧。因为支点上移后反馈力矩增大，所以必须增大输入 Δp 才能使杠杆平衡，也即增加了量程。但反馈波纹管移动后，零点也随之变化，所以需要重新调零。重新调零后，再检查量程是否符合要求，若仍不符合，则可再次改变量程支点重复上述操作，直到调好为止。一般需要进行 $2 \sim 3$ 次，每次移动量程支点后都要将螺母锁紧，并重新调整零点。

（2）迁移原理。所谓迁移，就是根据实际需要将变送器量程的起点从零迁到某一数值。迁移后量程起点和终点均改变了，但量程保持不变，如图 7-6 所示。迁移可分为正迁移和负迁移两种形式。正迁移是将量程的起点从零迁到某个正值；负迁移是将量程的起点由零迁到某个负值。迁移操作就是通过调整迁移弹簧的预紧力从而改变杠杆的初始位置来实现的。正迁移减小迁移弹簧预紧力，使主杠杆发生逆时针旋转；负迁移增大迁移弹簧预紧力，使主杠杆发生顺时针旋转。

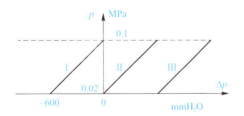

图 7-6　迁移原理

Ⅰ—负迁移；Ⅱ—无迁移；Ⅲ—正迁移

4. 气动差压变送器使用时的保护

气动差压变送器在投入工作或退出工作时，如果正压 p^+ 和负压 p^- 不能同时作用在测量膜盒上，就会在膜盒的一侧突然受到一个很大的作用力，有可能使膜盒和挡板等元件损坏。为了防止变送器因出现单向过载而损坏，除在膜盒的结构上采取必要的保护措施外，在差压变送器的测量管路上还装有平衡阀和截止阀，以保证 p^+ 和 p^- 同时接入或同时切除。为了达到保护变送器的目的，平衡阀和截止阀必须按以下步骤操作：投入工作前，应先打开平衡阀，这样无论先打开左边还是先打开右边截止阀，测量管中的压力经过平衡阀都会使测量膜盒两侧的压力相等，不会产生单向受力。当左、右边截止阀都打开并使压力稳定后，再慢慢关闭平衡阀，使 p^+ 和 p^- 同时接入正、负压室，变送器开始正常工作。当变送器退出工作时，也须先打开平衡阀，然后关闭左、右边截止阀，使 p^+ 和 p^- 同时切除。

5. 常见的故障分析及排除

（1）变送器有输入，但无输出或输出达不到 0.1 MPa。这种故障现象可能是气源管路漏气或堵塞，减压阀过滤器堵塞，恒节流孔堵塞，输出管路漏气或迁移量没调好等原因造成的。排除方法：清堵，堵漏，重新调整迁移量。

（2）仪表无输入但有输出。这种故障现象可能是喷嘴堵塞，气源压力过大，反馈波纹管漏气，放大器中球阀有污物，膜盒上的弹簧拉片变形等原因造成的。排除方法：清堵，调整气源压力，更换波纹管，清洗，更换弹簧拉片。

（3）零点漂移。这种故障现象可能是喷嘴挡板沾污，顶针螺钉松动，输出管路或反馈气路漏气，测量膜盒漏油等原因造成的。排除方法：清洗，重新拧紧，堵漏或换新波纹管，更换膜盒。

（4）输出压力波动。这种故障现象可能是输出管路或反馈气路漏气，放大器或喷嘴沾污等原因造成的。排除方法：堵漏或换新，清洗。

6. 气动压力定值器

气动差压变送器实训管路连接中的给定压力是由给定定值器输出的标准气压信号。气动定值器原理如图 7-7 所示。气源进入后分为两路：一路由气源气室 A 经球阀到输出；另一路经恒气阻到 D 室，再经喷嘴到 E 室，后者与输出通。当旋转手柄 1 旋钮时，压紧定值弹簧 3，使平膜片 5 连同作为挡板用的球阀 4 下降而盖住喷嘴 6。背压气室 D 的背压增高，作用在可动硬芯 7 及其周围的膜片上，使可动硬芯向下移动，打开球阀 9 使气源气室 A 的气流入输出气室 B 而使输出压力增大。定值器是按力平衡原理工作的。在输出增大的同时，负反馈气室 E 的压力也增大，又使负反馈气室 E 上的平膜片和球阀 4 向上移动到平衡，增大了的弹簧力，最后在一个新的位置上平衡。此时喷嘴挡板间隙保持一定，背压不再变化。输出压力总与定值弹簧力平衡，因此，可用旋钮改变给定压力。综上可以看出，定值器的工作原理与减压阀类似，只是定值器中还有喷嘴、挡板、放大器，因此，定值精度比减压阀高。定值器的气源压力为 0.14 MPa，输出压力为 0.02～0.1 MPa。

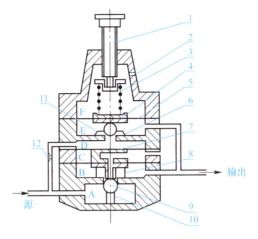

图 7-7　气动定值器原理

1—手柄；2—通气孔；3—定值弹簧；4—挡板(球阀)；

5—平膜片；6—喷嘴；7—可动硬芯；8—弹簧

9—球阀；10—弹簧；11—三脚弹簧片；12—恒气阻

A—气源气室；B—输出气室；C—通大气；

D—背压气室；E—负反馈气室；F—通大气

学习笔记：

活动 2　拆装和调校气动差压变送器实训

任务工单见表 7-1。

表 7-1　任务工单

学习领域	船舶动力设备自动控制				
任务名称	拆装和调校气动差压变送器	学时	2	班级	
学生姓名		学号		组别		任务成绩	
任务描述	接受拆装和调校气动差压变送器任务工单，查阅相关资料，了解气动差压变送器实验台结构功能、气动差压变送器结构、气动差压变送器调试过程				
场地、设备	电训化实训室、差压变送器校验台、气动差压变送器及相关工具				
资讯	1. 叙述气动差压变送器工作原理： 2. 气动差压变送器校验台的功能和使用描述： 3. 简述气动差压变送器调零和调量程过程： 4. 简述气动差压变送器迁移原理和调整方法： 5. 简述气动压力定值器工作原理：				
计划与决策	请根据任务要求，确定所需要的知识、设备、工具，并对小组成员进行合理分工，制订完成拆装和调校气动差压变送器任务的详细方案。 1. 写出实施方案： 2. 小组人员分工： 3. 所需要的知识、设备、工具：				

	拆装和调校气动差压变送器
实施	步骤一：实训前准备工作 　　1. 技术准备： 　　2. 工具准备： 　　3. 对象准备： 步骤二：拆装气动差压变送器(拆装过程和各部分元件的名称和作用) 步骤三：调校气动差压变送器步骤(调整顺序和要点) 步骤四：气动差压变送器迁移步骤

遇到的问题	解决的问题
1.	
2.	
3.	
4.	
5.	

检查	学生自查： 指导教师检查：

任务工单完成情况评价见表7-2。

表7-2　任务工单完成情况评价

评价	自我评价						评分（满分10分）
	组内互评	学号	姓名	评分（满分10分）	学号	姓名	评分（满分10分）
	注意：最高分与最低分相差最少3分，同分人最多3个，某一成员分数不得超平均分±3分。						
	小组互评						评分（满分10分）
	教师评价						评分（满分10分）
签字	任务完成人签字：　　　　　　　　日期：　　年　　月　　日						
	指导教师签字：　　　　　　　　　日期：　　年　　月　　日						

拓展知识

1. 气动仪表基本元件

虽然气动仪表的种类和结构形式很多，但构成它们的基本元部件数量并不多，主要有弹性元件、节流元件、气容、喷嘴挡板和气动功率放大器等。

(1)弹性元件。弹性元件可分为弹性敏感元件和弹性支承元件两类。其中常见的弹性元件如图7-8所示。图中的螺旋弹簧和片簧是属于支承元件，用于支承、平衡或增强敏感元件的刚度。波纹管和膜片及图中未画出的金属膜盒和弹簧管等都属于弹性敏感元件，它们都能将压力转换成位移。在气动仪表中，弹性元件的变形范围都很小，通常在弹性变形范围之内。气动仪表中的弹性元件可视为比例元件。为增加弹性元件的线性范围，可用的措施有金属膜片制成波纹状、波纹管采取预压缩安装、弹簧管采用多圈式。

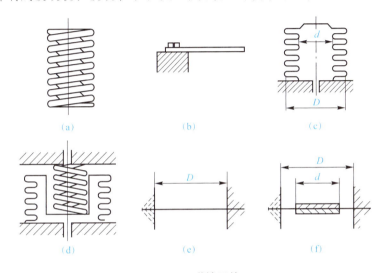

图7-8　弹性元件

(a)螺旋弹簧；(b)片簧；(c)波纹管；(d)带弹簧的波纹管；(e)金属膜片；(f)橡胶膜片

(2)节流元件。节流元件又称为气阻，在气路中，起阻碍气体流动的作用。其可以产生压降和改变气体的流量。按其工作特点可分为恒节流孔和变节流孔两种类型。

1)恒节流孔。恒节流孔又称为恒气阻，其流通截面积不能改变，所以气阻值不能调整。常见的恒节流孔有毛细管式和小孔式两种，如图7-9所示。

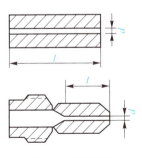

图7-9　恒节流孔

2)变节流孔。变节流孔又称为可调气阻，其流通截面积可以改变，所以其气阻值可以按需要进行调整。常见的变节流孔可分为三种类型，即圆锥—圆锥型、圆柱—圆锥型、圆球—圆锥型，如图7-10所示。变节流孔实际上是可调型节流阀，通常将阀杆和阀芯设计成弹性连接，这样可以保证关闭阀门时阀芯与阀座密封并防止接触表面被压坏。另外，在关阀时，具有自动对中的良好特性。

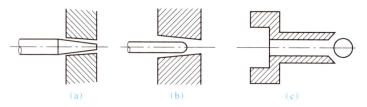

图 7-10　变节流孔

(a)圆锥—圆锥型；(b)圆柱—圆锥型；(c)圆球—圆锥型

(3)气容。气体容室简称气容，其在气动仪表中能储存或放出气体，对气压变化起惯性作用。常用的有固定气容和弹性气容两种类型，如图 7-11 所示。固定气容(或称定容气室)是指容积固定不变的气室，弹性气容(或称弹性气室)是指容积可以改变的气室。

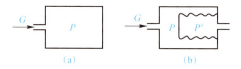

图 7-11　气容示意

(a)固定气容；(b)弹性气容

以上两类气容的特点是，固定气容的容积大小和压力变化无关，因此，压力变化不会改变刚性气容的容积；弹性气容的容积不仅与它的气室初始容积有关，而且与压力变化时引起的容积变化有关。

(4)喷嘴挡板。喷嘴挡板是气动仪表中最基本的元件。其功能是将挡板的微小位移量(输入)转换成对应的气压信号输出。

1)喷嘴挡板机构。喷嘴挡板机构由恒节流孔 1、背压室 2、喷嘴 3 和挡板 4 组成，如图 7-12 所示。喷嘴的孔径应比恒节流孔直径大，通气源直径 $D=(4\sim6)d$，以保证在挡板全开时，背压室的压力降到接近于大气压力。为了保证喷嘴挡板机构能正常工作，气源中不能含有油、水和杂物。喷嘴的轴心线必须与挡板平面垂直，在挡板靠上喷嘴时，有良好的密封性。

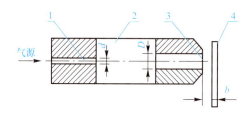

图 7-12　喷嘴挡板机构

1—恒节流孔；2—背压室；3—喷嘴；4—挡板

2)喷嘴挡板静特性。将 0.14 MPa 的气源连接到喷嘴挡板机构的入口，经恒节流孔进入背压室，再由喷嘴与挡板之间的缝隙排入大气。当挡板靠近喷嘴，即挡板开度 h 减小时，气阻加大，使背压室的压力 P_D 增大；反之，当挡板开度 h 加大时，气阻减小，使背压室压力 P_D 减小。可见，喷嘴挡板起到了变气阻的作用。不同的挡板开度对应不同的背压室压力。在稳定工况下(即恒节流孔的流量与喷嘴的流量相平衡，背压室内压力稳定不变)，背压室压力 P_D 与挡板开度 h 之间的对应关系称为喷嘴挡板机构静特性，经实验测得的曲线如图 7-13 所示。它有以下三个特点：

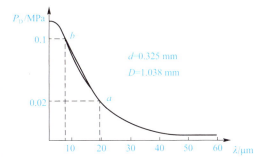

图 7-13　喷嘴挡板机构的静特性

①当挡板处于全关状态时(即 $h=0$)，由于喷嘴挡板的加工与装配精度有限，难免漏气，因此，背压 P_D 只能接近气源压力。

②挡板全开时，由于喷嘴的孔径远大于恒节流孔孔径，因此空气的压降主要降在恒节流孔上，使背压 P_D 接近大气压力(即为零)。

③挡板从全关移到全开时，背压 P_D 随挡板开度 h 增大而迅速下降，当挡板开度 h 增大到喷嘴孔径的 1/4 时，背压 P_D 不再明显变化。从静特性曲线可见，背压 P_D 随 h 增大而下降的过程是两头慢、中间快。特性曲线上各点的斜率不同。在曲线的中间段 a、b 之间，背压 P_D 变化较快，若用直线 ab 代替曲线 ab，则其误差很小，这样喷嘴背压 P_D 变化量 ΔP_D 与挡板开度 h 的变化量 Δh 呈线性关系，喷嘴挡板机构的实际工作范围 ab 段通常称为工作段。由于工作段的线性度较好且斜率大，它比工作在其他范围内的精度和灵敏度要高。在工作段内喷嘴挡板机构可看作一个比例环节。

5)气动功率放大器。在喷嘴挡板机构中，恒节流孔的孔径很小($d=0.15\sim0.3$ mm)，工作时输出的空气量较小，不能直接用来推动执行机构，也很难传送较远的距离。因此，几乎所有的气动仪表都在喷嘴挡板机构的输出端串联一个功率放大器，进行流量放大或压力放大，即功率放大，以增强其驱动能力和实现信息的远距离传递。在结构上两者往往连成一体，所以，又合称为二级功率放大器。

功率放大器种类繁多，结构各异。图 7-14 所示为一种耗气型气动功率放大器，它能起流量和压力放大作用。功率放大器由放大气路和弹性组件构成。放大气路由两个变节流阀串联构成，一个是球阀 4，另一个是锥阀 1，它们各起不同的作用。球阀 4 控制来自气源的进气量，因球阀的微小位移会引起进气量很大的变化，故能满足流量较大的要求；锥阀 1 用来控制排气量。这两个阀经阀杆结成一个整体。弹性组件由金属膜片 2 和弹簧片 3 组成。其能使阀杆产生位移。

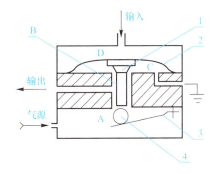

图 7-14　气动功率放大器
1—锥阀；2—金属膜片；3—弹簧片；4—球阀
A、B、C、D—气室

当输入压力增大时，在金属膜片 2 上形成的推力也增大，克服金属膜片 2 和弹簧的刚度使阀杆下移，开大球阀关小锥阀，使进气量大于排气量，这时 B 室压力增大，即放大器的输出压力增大；反之，当输入压力减小时，放大器的输出压力就下降。由此可知，阀杆的位移决定了放大器输出压力的大小。实际工作过程中又一起步段，即虽然输入压力增大，但是金属膜片 2 无位移的阶段，它是由于部件之间的间隙和克服静摩擦力引起的。在工作段上，输出压力的增量和输入压力的增量可近似看作比例关系。因此，气动功率放大器是一个比例环节。

气动功率放大器不但放大了压力信号，而且因为进气球阀的流通面积远大于喷嘴挡板机构中的恒节流孔，使流量也放大了很多倍，即实现了压力和流量的同时放大。当气动功率放大器与喷嘴挡板机构串联使用时，起步压力的大小决定了喷嘴挡板机构的工作区域，合适的起步压力才能使喷嘴挡板机构工作在静特性曲线的线性段，从而保证仪表具有较高的灵敏度和精度。实践证明，放大器的起步压力通常调整在 27～33 kPa，可保证仪表工作在喷嘴挡板机构的线性段。

起步压力大小与金属膜片和弹簧片的刚度、膜片与阀杆间隙及弹簧片的预紧力有关。调换不同刚度的金属膜片和弹簧片，或调整弹簧片的预紧力，可以改变放大器的起步压力。

学习笔记：

任务 8　整定 NAKAKITA 型气动调节器参数

任务要求

1. 知识要求

(1)NAKAKITA 型气动调节器的结构和工作原理；

(2)NAKAKITA 型气动调节器的参数调整；

(3)NAKAKITA 型气动调节器作用方式的调整。

2. 能力要求

(1)能够叙述 NAKAKITA 型气动调节器的结构和工作原理；

(2)能够进行 NAKAKITA 型气动调节器参数调整操作；

(3)能够进行 NAKAKITA 型气动调节器作用方式的调整。

3. 素质要求

(1)养成善于动脑、勤于思考、及时发现问题的学习习惯；

(2)提高理论联系实际的能力，培养分析和解决反馈控制系统实际问题的能力；

(3)培养理性思维能力和科学求实精神；

(4)培养学习新技术的能力，增强创新意识。

任务描述

　　调节器是反馈控制系统的核心单元。调节器的输入输出关系即调节规律，调节规律对于反馈控制系统的动态过程有着决定性的影响。在船舶机舱中，工况参数的控制系统使用了各种类型的调节器，用来实现各种调节规律。NAKAKITA 型气动调节器是机舱中常见的一种气动 PID 调节器。

任务实施

活动 1　叙述 NAKAKITA 型气动调节器的结构和工作原理

1. NAKAKITA 型 PID 调节器的结构和工作原理

　　NAKAKITA 型 PID 调节器按位移平衡原理工作。其结构原理如图 8-1 所示。调节器有两个指针，即红色给定指针与黑色测量指针。在初始平衡状态下，被控量的测量值与给定值相等，黑色测量指针与红色给定指针重合。这时喷嘴挡板之间开度不变，调节器有一个稳定的输出。比例波纹管、积分波纹管、微分气室及积分气室压力相等，都等于调节器的输出压力。当系统受到扰动时，被控量的测量值离开给定值出现偏差。假定测量值增大，经控制板送入弹簧管，使弹簧管张开，其自由端 F 产生一个向上的位移量，带动 FG 杆上移，FG 杆推动 GH 杆上移。使 HEN 杆和 HED 杆均以 E 为轴逆时针转动。它一方面使 MN 杆右移，黑色测量指针将绕轴 Q' 向指示黏度增大的方向转动；另一方面，D 点右移，带动 AC 杆绕轴 C 逆时针转动，BO' 杆右移，OO' 杆以 O 为支点顺时针转动，固定于 OO' 杆上的销钉上移，推动控制挡板开度的调节杆上移，这一动作使挡板离开喷嘴，喷嘴背压下降，经气动功率放大器使调节器的输出压力降低(反作用式)。这一降低的压力信号送到执行机构来开大调节阀(应配合使用气关式调节阀)，使测量值降低。

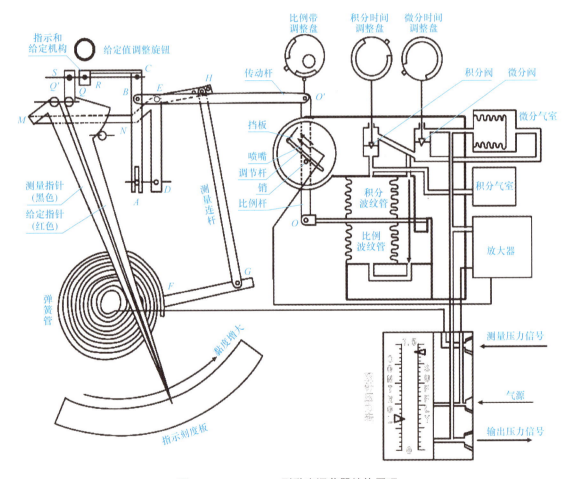

图 8-1　NAKAKITA 型黏度调节器结构原理

　　同时，这一降低的输出信号又分三路作为调节器的反馈信号。第一路与微分气室中的波纹管相通，波纹管收缩，波纹管外面气室压力略有降低，则比例波纹管压力略有降低，OO' 杆略有下降使挡板略微靠近喷嘴，这一负反馈很弱，不足以抵制挡板继续离开喷嘴，挡板离开喷嘴的位移量比较大，使调节器的输出压力大大降低，调节阀开度变化量很大，这就是调节器的微分输出，以实现超前控制，抑制偏差的出现；第二路是微分气室压力经微分阀与调节器的输出相通，其压力不断下降，负反馈作用不断增强，挡板逐渐靠近喷嘴，调节器的输出压力信号不断增大，这是微分输出消失的过程。当测量信号使挡板离开喷嘴的位移量与负反馈信号使挡板靠近喷嘴的位移量相平衡时，微分输出就消失在比例输出上；第三路是积分波纹管压力经积分阀不断放气而降低，使挡板又离开喷嘴一些，调节器的输出压力信号又有所下降，这一附加的正反馈用来消除静态偏差，最终使测量值等于给定值，黑色测量指针与红色给定指针重合。NAKAKITA 型黏度调节器如图 8-2 所示。

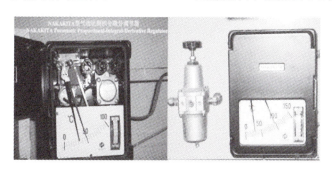

图 8-2　NAKAKITA 型黏度调节器

当被控量的测量值减小时，调节器的动作原理与此相同，只是动作方向相反。

2. 调节器参数的调整

给定值的调整是通过转动给定值旋钮来实现的。若增大给定值，则可顺时针转动给定值旋钮。一方面，红色给定指针向指示值增大的方向转动；另一方面，QS 绕 Q 轴逆时针转动，RC 杆左移。这时因被控量的测量值暂时未变，A 和 D 点不动，所以 BO' 左移，挡板靠近喷嘴，调节器的输出压力增大，这与被控量的测量值降低小于给定值的效果一样。因此，经过调节器的调节作用，使测量值逐渐向给定值靠近，最终达到相等，黑色测量指针与红色给定指针又重合。若减小给定值，则可逆时针转动给定值旋钮。

在调节器上有三个调整盘，分别用来调整比例带 PB、积分时间 T_I 和微分时间 T_I，并有相应的刻度指示。调整积分时间 T_I 和微分时间 T_D 实际上是改变积分阀、微分阀的开度。比例带调整盘是一个偏心机构。转动比例带调整盘可使喷嘴和挡板一起平行地移动，并且挡板调节杆的倾斜度发生变化。这样，挡板转动相同的角度，销钉上下移动相同的距离，调节杆上下移动的位移量不同，使喷嘴与挡板的开度变化量不同。NAKAKITA 型调节器积分时间 T_I 的调整范围为 20～0.1 min，微分时间 T_D 的调整范围为 10～0.05 min，比例带 PB 的调整范围为 10%～250%。

3. 作用方式的调整

根据船舶机舱自动控制系统的控制要求，NAKAKITA 型调节器也可以采用正作用式。正、反作用切换是通过转动比例带调整盘来实现的。图 8-3 所示为正、反作用工作方式时的比例带调整盘及喷嘴和挡板的状态。图 8-3(a) 所示为反作用工作方式，图 8-3(b) 所示为正作用工作方式。在反作用工作方式时，将比例带调整盘顺时针转过 3/4 圈即可转换成正作用工作方式。此时，挡板调节杆转到了 OO' 杆上销钉的下方，当测量信号增大时，OO' 杆顺时针转动，销钉上移，调节杆在挡板调节机构弹簧力的作用下上移，这一动作使挡板靠近喷嘴，喷嘴背压升高。

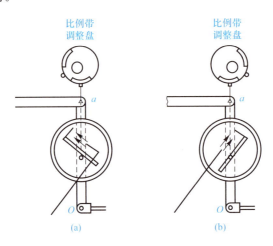

图 8-3　NAKAKITA 型调节器的作用方式

(a)反作用工作方式；(b)正作用工作方式

学习笔记：

活动 2　整定 NAKAKITA 型 PID 气动调节器参数实训

任务工单见表 8-1。

表 8-1　任务工单

学习领域	船舶动力设备自动控制				
任务名称	整定 NAKAKITA 型 PID 气动调节器参数	学时	2	班级	
学生姓名		学号		组别	任务成绩
任务描述	接受整定 NAKAKITA 型 PID 气动调节器参数任务工单，查阅相关资料，了解 NAKAKITA 型 PID 气动调节器的结构和工作原理，NAKAKITA 型 PID 气动调节器的参数调整方法，NAKAKITA 型 PID 气动调节器正、反作用方式调整				
场地、设备	电训化实训室、差压变送器校验台、NAKAKITA 型 PID 气动调节器及相关工具				
资讯	1. 叙述 NAKAKITA 型 PID 气动调节器工作原理： 2. 简述 NAKAKITA 型 PID 气动调节器比例度调整方法： 3. 简述 NAKAKITA 型 PID 气动调节器积分时间调整方法： 4. 简述 NAKAKITA 型 PID 气动调节器微分时间调整方法： 5. 简述 NAKAKITA 型 PID 气动调节器作用方式调整方法：				
计划与决策	请根据任务要求，确定所需要的知识、设备、工具，并对小组成员进行合理分工，制订完成整定 NAKAKITA 型 PID 气动调节器参数任务的详细方案。 　1. 写出实施方案： 　2. 小组人员分工： 　3. 所需要的知识、设备、工具：				

实施	整定 NAKAKITA 型 PID 气动调节器参数
	步骤一：实训前准备工作
	1. 技术准备：
	2. 工具准备：
	3. 对象准备：
	步骤二：整定 NAKAKITA 型 PID 气动调节器参数（调整顺序和要点）
	步骤三：调整 NAKAKITA 型 PID 气动调节器作用方式

遇到的问题	解决的问题
1.	
2.	
3.	
4.	
5.	

检查	学生自查：
	指导教师检查：

任务工单完成情况评价见表 8-2。

表 8-2 任务工单完成情况评价

评价	自我评价						评分(满分 10 分)
	组内互评	学号	姓名	评分(满分 10 分)	学号	姓名	评分(满分 10 分)
	注意：最高分与最低分相差最少 3 分，同分人最多 3 个，某一成员分数不得超平均分±3 分。						
	小组互评						评分(满分 10 分)
	教师评价						评分(满分 10 分)
签字	任务完成人签字： 日期： 年 月 日						
	指导教师签字： 日期： 年 月 日						

学习笔记：

任务 9　认知机舱中常见传感器

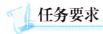

任务要求

1. 知识要求

(1)温度传感器;

(2)压力传感器;

(3)转速传感器;

(4)流量传感器;

(5)火警探测器。

2. 能力要求

(1)能够叙述压力传感器、温度传感器、转速传感器、流量传感器、火警探测器的工作原理;

(2)能够根据工况特点进行传感器选型工作。

3. 素质要求

(1)养成善于动脑、勤于思考、及时发现问题的学习习惯;

(2)提高理论联系实际的能力,培养分析和解决反馈控制系统实际问题的能力;

(3)培养理性思维能力和科学求实精神;

(4)培养学习新技术的能力,增强创新意识。

任务描述

　　传感器是反馈控制系统的测量单元,可以用来向机舱监视与报警系统提供各种参数的监测信号。机舱内的各种传感器用来检测被监视的工况参数,并将其变换成电信号后传送到调节器或显示仪表。传感器可分为模拟量传感器和开关量传感器两大类。模拟量传感器用来将被测参数变换成连续变化的信号,开关量传感器用来将被测参数是否越限变换成触点的断开或闭合,即 On-Off 信号,它仅适用于运行设备鉴别,而不能用于参数的测量显示。

任务实施

活动 1　认知机舱中温度传感器

机舱中常用的温度传感器有热电阻、热敏电阻、温包及热电偶等。

1. 热电阻式温度传感器

热电阻是由铜丝或铂丝双线并绕在绝缘骨架上然后插入护套内制成的。铜热电阻的测温范围是－50 ℃～+150 ℃，铂热电阻的测温范围是－200 ℃～+650 ℃。热电阻通常用于测量较低的温度，如用于测量主机的冷却水温度、燃油温度、滑油温度及推力轴承温度等。

热电阻式温度传感器利用金属导体电阻值随温度升高而增大的特性，将被测温度转换成相应的电阻值，再由直流电桥将电阻值的变化转换成电压信号。

2. 热电偶式温度传感器

热电偶由两种不同的金属导体或半导体材料焊接而成，如图 9-1 所示。焊接端称为热端，与导线连接端称为冷端（或自由端）。热端插在需要测温的管路中；冷端置于室温中。若热、冷两端温度不同，则会在热电偶回路中产生热电势 e_t（也称为温差电动势），温差越大，热电势 e_t 越大。e_t 为毫伏级电压，可用数字式万用表测量。

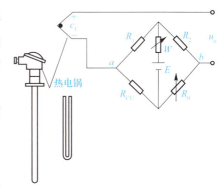

图 9-1　热电偶及冷端温度补偿电路

使用时要注意热电偶的正、负极性标记。正、负极性的判断方法有两种：一是根据导体材料的颜色，如镍铬（黑，正）－镍铬硅（褐绿，负）；二是采用热电势判断法，即给热端加温，两个冷端接毫伏表，若读数增加，则接仪表正端为正极，另一端为负极。显然，补偿导线的极性需要与热电偶的极性相同。

热电偶适合检测高温信号，如主机排气温度、主机气缸套表面温度和材料温度等。常用的热电偶有镍铬－考铜（测温范围为 0 ℃～1 300 ℃）、镍铬－考硅（测温范围为 0 ℃～1 300 ℃）、铂铑－铂（测温范围为 0 ℃～1 600 ℃）和铂铑$_{30}$－铂铑$_6$（测温范围为 0 ℃～1 800 ℃）型。

学习笔记：

_____

_____

_____

_____

_____

_____

_____

活动 2 认知机舱中压力传感器

压力传感器的种类有很多，以下仅介绍电阻式压力传感器和应变片式压力传感器。

1. 电阻式压力传感器

电阻式压力传感器由弹簧管、传动机构、电位器及测量电桥组成。其结构和工作原理如图 9-2 所示。弹簧管又称为波登管，是弯成 C 形的空心管，用来将压力信号转换成自由端的位移。滑针将电位器电阻分成两部分，一部分串联在 R_4 的桥臂上；另一部分串联在 R_3 的桥臂上。当测量的压力变化时，通过弹簧管和传动机构使滑针绕轴转动，改变两个相邻桥臂的电阻值，使测量电桥输出的电压信号 U 与压力变化成比例。

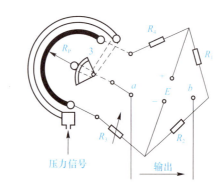

图 9-2 电阻式压力传感器原理

由于弹簧管和传动机构存在滞后现象，因此，这种传感器一般多用于静态压力的测量，不宜用于动态压力的测量。

2. 应变片式压力传感器

应变片有金属式和半导体式两种。将铜镍或镍铬等金属丝绕成栅状，用胶粘剂粘贴在基板上，两端焊接镀银或镀锡铜线作为引出线，这样便构成了金属应变片。应变片粘贴在压力感受器的测压部分。应变片具有一定的电阻，它可以作为测量电桥的一个桥臂，如图 9-3 所示。当被测压力为零时，电桥处于平衡状态，输出电压为零。当压力信号增大时，应变片发生弯曲变形，栅状金属丝被拉长使其电阻值增大，电桥失去平衡并输出一个与压力成比例的不平衡电压信号。

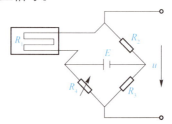

图 9-3 应变片式压力传感器原理

应变片式压力传感器可用来监视柴油机的爆压、气缸套螺栓的疲劳程度等。它不仅可以用来测量静态压力，还可以用来测量动态压力。

活动 3　认知机舱中转速传感器

机舱中需要检测转速的设备有主机、发电机的原动机及废气透平增压器等，检测主机转速一般可以采用测速发电机、磁脉冲式转速传感器等。

1. 测速发电机

测速发电机将主机转速成比例地转换成电压信号输出，有直流和交流两种形式。

（1）直流测速发电机的输出电压 U 与主机转速 n 满足：$U=Kn$（K 为比例系数），U 的大小反映了主机转速的高低，U 的极性反映了主机的转向。直流测速发电机由于存在电刷、换向器等部件，易引起故障，故目前已经较少使用。

（2）交流测速发电机输出的电压信号是交变的，需要对其进行相敏整流、滤波将其变成直流电压信号。与直流测速发电机相同，该电压信号的大小反映了主机转速的高低，极性反映了主机的转向。

测速发电机测得的转速信号可送至转速表指示主机的转速和转向。而作为转速反馈信号和转速逻辑信号，不能使用负向电压信号（否则无法保证转速反馈在正车或倒车时都是负反馈），故须对转速信号再次进行整流，将倒车负极性电压信号转换成正极性电压信号，如图 9-4 所示。

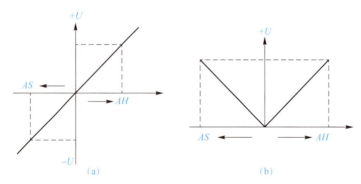

图 9-4　整流前后正、倒车转速所对应的电压值

2. 磁脉冲式转速传感器

磁脉冲式转速传感器属于非接触式装置，其没有运动部件，不会发生磨损，因此，该种传感器使用寿命长，检测精度高。磁脉冲式转速传感器由磁脉冲探头、脉冲整形放大电路、频率—电压转换电路及滤波电路等组成。其中，磁脉冲探头是产生脉冲信号的部件，由永久磁铁 1、软磁芯 2、线圈 3、非导磁性外壳 4 等组成。其结构原理如图 9-5 所示。

在主机的主轴或凸轮轴上安装一个由铁磁材料制成的测速齿轮 5（可利用盘车齿轮），将探头对准齿轮的齿顶固定，并与齿顶之间保持一个较小的间隙（1～5 mm）。主机转动时，齿轮随之转动。当齿顶对准探头时，间隙小，磁阻小，通过探头线圈中的磁通量增强；当齿根对准探头时，间隙变大，磁阻变大，通过探头线圈中的磁通量减弱。

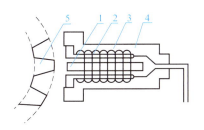

图 9-5 磁脉冲探头结构原理

1—永久磁铁；2—软磁芯；3—线圈；

4—非导磁性外壳；5—测速齿轮

因此，当转轴转动时，探头将交替对准测速齿轮的齿顶和齿根，磁阻大小不断变化，引起线圈内磁通的不断变化而产生感应电动势。每转过一个齿，探头就产生一个脉冲，脉冲频率 f 满足：

$$f = \frac{Z \cdot n}{60} (\text{Hz})$$

式中，Z 为齿轮的齿数，n 为转速。当齿数等于 60 时，便有 $f = n$。因此，通常不是用感应电动势的幅值大小而是用其频率来表示转速的高低。

磁脉冲探头所获得的感应电动势的脉冲信号较弱，其波形也不理想，因此，还要将其输出的脉冲信号送入整形放大电路进行处理，使其转换成同频率、有较大幅值的矩形波。然后，将矩形波再送入频率/电压(f/V)转换电路变换成连续的电压信号，也就是将转速脉冲信号按比例转换成连续的电压信号，该电压信号的大小就反映了转速的高低，两者之间呈线性关系。

为了检测主机的转向，需要安装两个磁脉冲探头。两个探头在空间位置上相距 1/4 距离，这样，在相位上就相差 1/4(或 3/4)个周期。两个磁脉冲探头输出的脉冲信号经整形放大后分别送至 D 触发器的 D 输入端和 CP 时钟脉冲输入端，根据触发器的输出端 Q 和 $\overline{Q}$ 哪个是 1 信号来判断主机正转或反转。如图 9-6 所示，当正车转动时，触发器 D 端的正脉冲总比 CP 端的正脉冲超前 1/4 个周期，即 CP 端来正脉冲时，D 端总是 1 信号，因此 D 触发器的输出端 Q 保持 1 信号，$\overline{Q}$ 端保持 0 信号，表示主机在正车方向运转；当倒车转动时，D 触发器 CP 端的正脉冲总是超前 D 端 1/4 个周期，即 CP 端正脉冲到来时，D 端必定是 0 信号，因此 D 触发器输出端 Q 保持 0 信号，$\overline{Q}$ 端保持 1 信号，表示主机在倒车运行。飞轮上的测速感应器如图 9-7 所示。

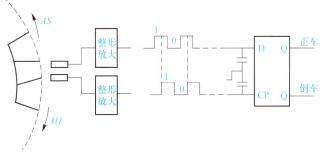

图 9-6 磁脉冲传感器检测主机转向原理

图 9-7　飞轮上的测速感应器

活动 4 认知机舱中流量传感器

机舱中流量传感器有容积式流量传感器、电磁式流量传感器、压差式流量传感器、涡流式流量传感器等。下面只介绍前两种。

1. 容积式流量传感器

如图 9-8 所示，容积式流量传感器的测量部分由壳体和两个互相啮合的椭圆形检测齿轮组成，流体流过仪表时，因克服阻力而在入口和出口之间形成压力差 $P_1 - P_2$，在此压差作用下推动椭圆形齿轮旋转，不断地将充满在齿轮与壳体之间所形成的半月形计量室中的被测液体排出。在齿轮转动的同时，转轴 2 上部的永久磁铁 3 随之转动，不断地靠近或离开干簧继电器 4，使其触点随着齿轮的转动而闭

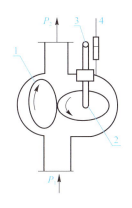

图 9-8 容积式流量传感器原理图

1—椭圆形齿轮；2—转轴；
3—永久磁铁；4—干簧继电器

合或断开，进而通过检测电路输出方波脉冲信号。被测介质流量越大，转轴转速越快，方波脉冲的频率就越高。

容积式流量传感器通常用于燃油流量和冷却水流量的测量。

2. 电磁式流量传感器

电磁式流量传感器按照电磁感应原理工作。如图 9-9 所示，传感器的励磁线圈通电后产生磁场，导电液体在磁场中垂直于磁通方向流动时切割磁力线，于是在液体中产生感应电压 U_e，并通过测量管路（图中未画出）上的两个电极引出，电压大小与液体的容积流量成正比，经放大和转换电路后输出 4～20 mA DC 的标准信号。

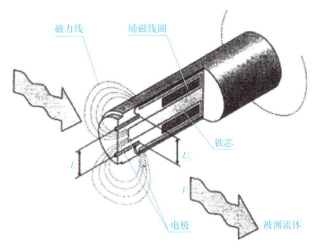

图 9-9 电磁式流量传感器原理

在实际的电磁式流量传感器中，感应电压只有几十毫伏。为避免电极在直流电作用下

发生极化作用和接触电势，通常采用低频方波励磁或交流励磁。另外，测量管路应使用高电阻率的非导磁材料(如不锈钢等)制成。图 9-10 所示为电磁流量转换器。

图 9-10　电磁流量转换器

活动 5 认知机舱中火警探测器

机舱中火警探测器是火灾报警系统的检测单元。其是根据火灾前兆的物理现象(发热、冒烟等)制成的不同类型的探测器。船上常用的有热效应式火警探测器和感烟式火警探测器两类。

1. 热效应式火警探测器

热效应式火警探测器也称为感温式火警探测器,主要用于居室、走廊、控制室等舱室较小的场所。感温式火警探测器有定温式火警探测器和温升式火警探测器两种,如图9-11所示。

(1)定温式火警探测器。定温式火警探测器采用低熔点的金属丝或双金属片(由膨胀系数不同的两种金属压制而成)制成。火灾前温度会升高,当温度达到设定值时,低熔点的金属丝被熔断或者双金属片受热弯曲使触点断开,进而送出火警信号,如图9-11(a)、(b)所示。

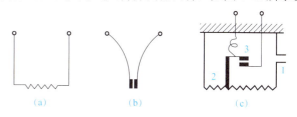

图9-11　热效应式火警探测器

(a)、(b)定温式火警探测器;(c)温升式火警探测器

1—测量气室;2—波纹膜片;3—电触点

(2)温升式火警探测器。温升式火警探测器根据温度升高的变化率来检测火情,当监视点的温度升高变化率超过5.5 ℃/min时,探测器动作,发出火警信号。温升式火警探测器由测量气室1、波纹膜片2及电触点3组成,如图9-11(c)所示。无火灾时,环境温度变化很慢,因此,测量气室内温度缓慢上升使气体膨胀较慢,膨胀气体经小孔放出,使气室内的压力基本保持为大气压力,波纹膜片受力平衡,触点处于断开状态,不发出火警报警;当发生火灾时,监视点温度快速升高,测量气室内膨胀的气体来不及从小孔泄放,使其压力升高,波纹膜片下弯,使动触点与静触点闭合发出火警信号。

2. 感烟式火警探测器

常用的感烟式火警探测器有感烟管式火警探测器和离子式火警探测器两种。感烟管式火警探测器主要用于货舱等舱容较大场合的火警探测。离子式火警探测器主要用于机舱等处的火警探测。

(1)感烟管式火警探测器。感烟管式火警探测器由集烟管1、抽风机2、光源3、测量光电池4、基准光电池5和检测电路6组成,如图9-12所示。其是利用烟雾的遮光性质来测定集烟管内的烟雾密度的。检测时,由抽风机抽取大舱内的气体经集烟管排出,光源经透镜变成平行光分别照射在光电池4和5上。当气体中的烟雾密度增加时,烟雾的遮光作用加强,使测量光电池所接收到的光照度减弱,测量光电池产生的电流减小,而基准光电池产生的电流保持不变,将这两个电流信号送至检测电路进行比较,当两者的电流差值达到设定的警戒值时,便发出火警信号。

除利用烟雾遮光性来测定烟雾浓度外，还有利用烟雾散射性来测定烟雾浓度的探测器，其测量光电池不是安装在光源的正对面，而是安装在光源不能直接照射到的侧面。当烟雾度增大时，烟雾粒子对光的散射作用增强，使测量光电池接收到的光照度增强，光电流增大，同样当其达到设定的报警值时，便会发出火警信号。

(2)离子式火警探测器。离子式火警探测器由内、外电离室及检测电路组成，如图9-13所示。该探测器是根据烟雾颗粒能吸附离子的原理，利用同位素镅[241]放射 α 射线所产生的离子流随烟雾密度增加而减小的特性来探测烟雾。内、外电离室中各放有一块同位素镅[241]放射和一个电极。内电离室是一个烟气封闭气室，充有标准空气，作为基准室；外电离室开有小孔接收被监测的含烟气体。同位素镅[241]不断地放射出 α 射线，使空气分子电离，并在电场作用下产生离子电流。当无烟气体进入外电离室时，内、外电离室中的离子流相等，其等效电阻相等，U_A 很小，检测电路中的电子开关不动作；当有火灾前兆时，含烟雾气体进入电离室，吸附一部分离子，使离子电流减小，外电离室的等效电阻增大，而内电离室的等效电阻保持不变，所以 U_A 增大；当烟雾密度达到设定的警戒值时，U_A 达到设定值，使检测电路中的电子开关闭合，发出火警信号。

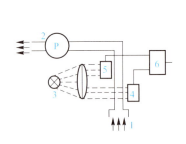

图9-12　感烟管式火警探测器原理

1—集烟管；2—抽风机；3—光源；

4—测量光电池；5—基准光电池；6—检测电路

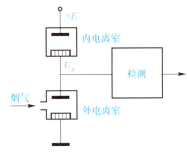

图9-13　离子式火警探测器原理

活动 6 寻找模拟机舱中的传感器

任务工单见表 9-1。

表 9-1 任务工单

学习领域	船舶动力设备自动控制				
任务名称	寻找机舱中的传感器	学时	2	班级	
学生姓名		学号		组别	任务成绩
任务描述	接受寻找模拟机舱中的传感器任务工单，查阅相关资料，了解各种温度、压力、转速、流量和火灾等传感器的工作原理及运用场所				
场地、设备	轮机综合实训机舱，各种传感器				
资讯	1. 简述机舱中常见温度传感器种类和应用： 2. 简述机舱中常见压力传感器种类和应用： 3. 简述机舱中常见转速传感器种类和应用： 4. 简述机舱中常见流量传感器种类和应用： 5. 简述机舱中常见火灾报警器的种类：				
计划与决策	请根据任务要求，确定所需要的知识、设备、工具，并对小组成员进行合理分工，制订完成寻找机舱中的传感器任务的详细方案。 　1. 写出实施方案： 　2. 小组人员分工： 　3. 所需要的知识、设备、工具：				

	寻找模拟机舱中的传感器	
实施	步骤一：实训前准备工作 1. 技术准备： 2. 工具准备： 3. 对象准备： 步骤二：寻找机舱中的传感器并拍照，说明其作用	
	遇到的问题	解决的问题
	1.	
	2.	
	3.	
	4.	
	5.	
检查	学生自查： 指导教师检查：	

任务工单完成情况评价见表 9-2。

表 9-2　任务工单完成情况评价

评价	自我评价						评分(满分 10 分)
	组内互评	学号	姓名	评分(满分 10 分)	学号	姓名	评分(满分 10 分)
	注意：最高分与最低分相差最少 3 分，同分人最多 3 个，某一成员分数不得超平均分±3 分。						
	小组互评						评分(满分 10 分)
	教师评价						评分(满分 10 分)
签字	任务完成人签字：　　　　　　日期：　　年　　月　　日						
	指导教师签字：　　　　　　　日期：　　年　　月　　日						

学习笔记：

_____

_____

_____

_____

_____

_____

任务 10　分析船舶传感器和变送器故障案例

任务要求

1. 知识要求

(1)船舶机舱中传感器故障的表现特征及处理方案；

(2)PT-100 热电阻故障分析；

(3)主机温度传感器故障分析；

(4)主机转速测速传感器故障分析；

(5)柴油发电机测速探头故障分析；

(6)气动差压变送器故障分析。

2. 能力要求

(1)能够简单掌握传感器和变送器故障分析的方法和处理思路；

(2)能够正确分析机舱中常见的传感器和变送器的故障；

(3)能够运用正确的方法排除传感器和变送器故障。

3. 素质要求

(1)养成善于动脑、勤于思考、及时发现问题的学习习惯；

(2)提高理论联系实际的能力，培养分析和解决反馈控制系统实际问题的能力；

(3)培养理性思维能力和科学求实精神；

(4)培养学习新技术的能力，增强创新意识。

任务描述

在船舶机舱监测与报警系统中，传感器的数量巨大，构成了整个系统必不可少的底层组成部分。鉴于报警控制单元(尤其是微机式)通常都很可靠，因此，系统的故障通常是由传感器、连接电缆及测量模块等的故障引起的。统计表明，对于船舶机舱监测与报警系统而言，传感器引起故障的比例在95%以上。分析和排除传感器与变送器故障除需要掌握一定的理论知识和具有丰富的实践经验外，还需要认真的思考能力和敏锐的判断能力。

任务实施

活动 1　船舶机舱中传感器故障的表现特征及处理方案

1. 船舶机舱中传感器故障的表现特征

(1)开关量传感器常见故障。船上开关量传感器种类繁多，用于对温度、压力、液位等监测点进行监测与报警。开关量传感器常见故障是错误动作，即通常所说的"误报警"，如液位传感器在水位、油位处于临界点时很容易发生上述现象。

(2)模拟量传感器常见故障。船上模拟量传感器(或变送器)种类繁多，通常用来对温度、压力、液位等进行监测。模拟量传感器(或变送器)的故障比较复杂，其故障表现包括无数值显示、测量精度不准、测量值波动。

(3)传感器电缆导致的电磁干扰。现代船舶的监测点可以有上千个，传感器数目可观。除现场总线型系统外，传感器一般距离监测报警控制装置都较远，电缆在受到外界电磁干扰时，常会对监测报警设备的使用产生不良影响。

(4)监测报警模块的故障。

1)对于单元组合式监测与报警系统，传感器和变送器的测量信号传送给报警控制单元中各个独立的报警控制电路。

2)对于微机控制的监测与报警系统，传感器和变送器的测量信号经过测量模块(接口电路或信号调理电路)后传送给 CPU。

如果报警控制电路或测量模块(接口电路)有问题，也会影响系统的正常工作。

2. 故障分析与处理方案

(1)开关量传感器常见故障的分析与处理。

1)开关量传感器常见的故障是"误报警"。

2)产生的原因。

①船舶航行中的振动与摇晃；

②传感器触点氧化腐蚀。

3)解决方法。

①检查开关量传感器输出触点是否完好，传感器与电缆连接点的螺钉是否松动，液位传感器的浮子是否被卡住。

②由于机舱中存在着大量油污，加上开关量传感器的金属触点在使用一定年限后会逐步氧化，所以对传感器的输出触点要定期进行除污清洁，去除氧化点。

(2)模拟量传感器常见故障的分析与处理

模拟量传感器的故障比较复杂，要具体问题具体分析。

例如，模拟量无数值显示，原因可能是：现场连线接错(除非更换过传感器，否则不予考虑)；传感器通道回路开路；工作电源中断或有严重故障。

对于"测量精度不准"故障，则要怀疑监测部分(如探头)有故障或变送部分有问题；对于"测量值波动"故障，在排除传感器本身故障外(可以用替代法)，则应考虑存在电磁干扰的可能。

在分析故障之前，使用者首先要对各种模拟量传感器的类型、功能及基本工作原理有所了解，例如，铂电阻传感器通常采用三线制接法；电流、电压传感器(变送器)的信号线有正、负方向等，这样才能对症下药，尽快排除故障。

造船和修船一定要规范。例如，对于水雾和振动较大的监测点，应选用防水和防振型传感器。压力传感器在管路上的安装位置必须正确，否则将会影响到该监测点所显示的数值及其精度。对一些压力波动变化大的点（如燃油压力），现场安装时必须加装带阻尼阀的管路。另外，与船上其他设备共用的模拟量信号，在接入采集模块前需要加装隔离模块。

（3）传感器电缆导致的电磁干扰的分析与处理。现场传感器一般距离监测报警控制装置较远，通过长度可观的船用电缆与监测报警控制单元或测量模块连接，电缆在受到外界电磁干扰时，常会对监测报警设备的使用产生不良影响。

所以，除在结构软、硬件设计时要充分考虑电磁兼容性问题外，传感器外壳的良好接地与导线的良好屏蔽也是重要的消除电磁干扰的途径。另外，还要定期检查传感器本身的绝缘问题，避免其对监测报警系统特别是模拟放大电路产生影响。

（4）监测报警模块的故障分析与处理。

1）通过接插件（接线端子，芯片的插脚与螺钉等）产生的接触电阻影响到模拟量的测量数值和元器件内部电阻的性能改变、电子开关接触电阻的滋生等，会对测量精度产生影响。

2）由测量板元器件引起的故障大都来自输入端的电阻、电容与二极管。

3）长期工作在机舱环境下的测量板印制电路，会随着使用年限的增加，逐步受到一些腐蚀，甚至会发生某条线路断开的现象，轻者引起单点信号无法显示与报警，严重的会影响到数据总线和 CPU 板，从而导致整块电路板无法正常工作。

4）测量模块电路板通常采用插槽方式安装在铝合金外壳内，插槽装配时的错位会造成该测量板与 CPU 板接触不良，测量模块时好时坏。

3. 经验与教训

（1）要特别重视对传感器、变送器的检查和维护。

（2）电磁干扰的原因很复杂，对系统的影响也很大，要足够重视。

（3）要切实重视对连接电缆、接插件等的检查。

学习笔记：

活动 2　分析 PT-100 热电阻故障

1. 相关知识引导

热电阻常用来测量 0 ℃～150 ℃ 的温度信号。在船上，一般除柴油机排气温度外，其余的温度信号均用热电阻测量。目前，在船上多采用 PT-100 热电阻。

2. 案例叙述

热电阻的接线有二、三、四线制等多种接法。若热电阻作为温度自动控制系统的测量环节，其输出通常有两种方式：一种是直接送往调节器；另一种是通过温度变送器转换为 4～20 mA 信号后再送往调节器；热电阻作为温度测量和报警用时，其输出要经过模数转换后再送往计算机的 CPU。

3. 案例分析与处理

引线断路或短路是热电阻温度传感器常见的故障。前者使输出电阻无穷大；后者使输出电阻为零，从而分别会导致高温报警或低温报警，进而使温度参数的控制失效。在先进的监测报警系统或控制系统中，往往有"通道回路故障"监测环节，对于传感器断路和开路故障会给出自检报警。

从船舶上报到公司的"电气保修单"中可以看到，热电阻的电阻丝断裂也是常见的。

4. 经验与教训

对于热电阻传感器，日常要加强检查，尤其是对于使用多年的温度传感器。

实船上一般均有热电阻传感器的备件，在对设备(如主机、副机)进行更换热电阻传感器时，通常要将设备停止运行。

学习笔记：

活动3 分析主机滑油温度传感器故障

1. 相关知识引导

温度传感器主要用于检测机舱中的各种温度信号，如各种水温、油温和排气温度等。热电阻式温度传感器是根据热电阻材料的电阻率随温度的增加而增加的原理工作的。热电阻由电阻体、绝缘体、保护套管和接线盒组成。常用铜丝或铂丝双线并绕在绝缘骨架上，再将它插入保护套管内，安装在要检测的管路或设备中。

2. 案例叙述

×××轮(散货船)，主机机型为SULZER6RTA52，活塞冷却油出口温度采用安装在主轴承上方的热电阻温度传感器检测。

某航次，在舟山修船完成后开航，发现主机第二缸活塞冷却油高温报警，当时船舶正在航道中，引水员在船产生高温报警后，立即采取措施，检查第二缸的状况，发现其他参数均正常，唯一报警的是活塞冷却油高温。分析产生活塞冷却油高温报警的原因，很有可能是活塞穿孔，但是活塞穿孔会引起排气温度的变化，甚至是拉缸、曲柄箱爆炸现象。但是柴油机其他的参数都没有故障的迹象。打电话询问船长，是否可以停车检查，船长告知在航道中，外面船多，不允许停车。在征得驾驶台同意后，控制主机降速运行并加强监控，维持船舶航行。

到了开敞的海域后，对主机进行停车检查，发现是活塞冷却油出口温度传感器损坏引发的高温报警。

3. 案例分析与处理

(1)如果活塞穿孔，将会引起活塞冷却油高温，会有一系列的严重后果，但是检查了相关参数，并没有故障迹象。而且在产生高温报警后，有一段时间，传感器的温度降到了报警值以下，这就证明活塞穿孔的可能性较小。基于这个判断，主机可以维持到开敞的海域检查。

(2)从柴油机整体状况和传感器检测的温度变化情况可以看出，报警原因是传感器故障。

(3)更换传感器后，主机恢复正常运行。

4. 经验与教训

(1)处理故障时，特别是进出港时，一定要沉着冷静地分析，避免故障扩大化。

(2)如何准确判断柴油机的故障，需要平时经验的积累。

(3)如果是传感器检测部分故障，检测参数要么低于低限，要么高于高限，如果参数不稳定，无规律地变化，一般是由于接线接触不良引起的。

学习笔记：

_____

_____

_____

活动4 分析主机转速测速传感器故障

1. 相关知识引导

测速装置是主机遥控系统不可缺少的组成部分。如 AUTOCHIEF-IV 主机遥控系统有三套测速装置，AUTOCHIEF C20 主机遥控系统有两套测速装置。

目前，主机遥控系统常用的测速装置有磁脉冲式测速装置和接近开关（PNP 或 NPN 输出）两种，均属于非接触型转速传感器。测速探头安装在飞轮对面，利用电磁感应原理工作。飞轮旋转时，飞轮齿顶、齿根的交替变化导致磁通变化。

2. 案例叙述

中海集运公司某船的主机型号为 B&W12K98MC，采用 AUTOCHIEF-IV 主机遥控系统。

试航期间，选用"驾控"方式，在主机正常运行情况下，遥控系统突然失灵，主机会在有转速的情况下自行启动（此时转速值忽高忽低），或超速停车（转速表指示值不高且不确定，如超速停车时转速可以为 56 r/min，也可以为 75 r/min），正、倒车操纵均如此。转至"集控"后，主机可以正常启动，但仍会发生超速停车（实际转速未达到 OVERSPEED 的保护值且不确定）。最终转至"机旁"操纵，情况与"集控"相似。

3. 案例分析与处理

经多方检查，最后船厂工程师发现在主机飞轮处，为 AC-4 集控室遥控单元和 SSU8810 安保系统提供转速信号的两套测速装置的支撑架松动，导致测速探头和飞轮之间的间隙或大或小，从而使主机转速测量信号的幅值和周期均不规则，直接影响到对主机发火转速、换向转速、超速等变量的测量，进而影响到主机的启动、稳速运行乃至超速保护等过程。

在重新焊接支撑架并固定测速探头位置后，系统恢复正常。

4. 经验与教训

AUTOCHIEF-4 主机遥控系统共有三套测速装置，其中两套是为 AC-4 集控室遥控单元和安保系统提供转速测量信号以实现启动、换向、制动、停车控制及超速停车保护，另一套专门负责向 DGS 8800e 数字调速器提供转速反馈信号。

按照说明书的规定，测速探头和飞轮之间的间隙为 2.5±0.5 mm，间隙过大或过小均会引起探头输出信号的波动。

支撑架松动是不常见的，但测速探头松动是常见的。因此，平时应定期检查测速探头的间隙大小和固定情况，注意对测速探头表面清洁和对探头接线检查。

学习笔记：

活动 5　分析柴油发电机测速探头故障

1. 相关知识引导

柴油发电机(副机)通常采用测速传感器(大多用接近开关 PROXIMITY SWITCH)检测副机转速,并在故障情况下形成声光报警信号。

通常,每台柴油发电机组有 SPEED 和 SENSOR 两个。当一个失效或检测不到信号时,会自动跳到另一个 SENSOR 检测,若两个 SENSOR 都失效会导致发电机主开关跳闸。在发电机运转时打开控制箱,可以查看指示灯 PULSE INDIC. SENSOR 1&2 的状态,如均为绿灯即正常;如有一灯熄灭,则表示接近开关的探头脏污或损坏。

2. 案例叙述

我国台湾长荣轮船公司某船副机采用 WARTSILA 型柴油机。在某次正常航行期间,副机发生"ENGINE SPEED PICK UP SENSOR"故障,并造成发电机跳闸。

3. 案例分析与处理

当时,船舶处于保修期内。船方通过公司向制造商反映问题。制造商回函说明,此种 SENSOR 本身很不容易发生故障,最有可能的原因是两个 SENSOR 前端的探头脏污(可能是曲轴箱内部背压太高,滑油溅在探头上造成检测失效)。

机舱人员将 SENSOR 拆下,清洁前端的探头,然后依照说明书所述步骤安装,系统立即恢复正常。

4. 经验与教训

(1)转速传感器所在环境比较恶劣,容易受到振动、油雾等因素的影响,平时务必要加强检查和保养。

(2)松开测速探头(PICK-UP)的固定螺母,将探头向飞轮方向接近,直到探头上的发光二极管亮,即表示间隙已足够。

(3)将螺母松回半圈。

(4)然后锁紧固定螺母,此时 PICK-UP 与飞轮的间隙为 2.0~2.5 mm。

学习笔记:

_____

_____

_____

_____

_____

_____

活动 6 分析气动差压变送器故障

1. 相关知识引导

气动差压变送器用来间接测量液位、流量、压力、温度、黏度等参数，并将测得的参数值成比例地转换为 0.02～0.1 MPa 的标准气压信号输出，此信号送入气动调节器和气动显示仪表进行控制与显示。

气动差压变送器由测量和气动转换两部分组成。在燃油黏度控制系统中，通常采用双杠杆式的气动差压变送器。

2. 案例叙述

中海货运公司某老龄船采用 NAKAKITA 型主机燃油黏度控制系统。该系统由毛细管式测黏计和双杠杆式气动差压变送器、NAKAKITA(NS-732)型反作用式气动 PID 黏度调节器、气关式蒸汽调节阀和蒸汽加热器等组成，系统另配有 NAKAKITA(NS-732)型正作用式气动温度 PID 调节器、轻重油(D/H)转换阀等部件。

在某次正常航行过程中，值班轮机员发现主机燃油黏度测量值不断变高直至发出高黏度报警，黏度控制失效。为了保证主机运行的需要，采用手动方法直接调节蒸汽加热阀的开度。

3. 案例分析与处理

故障发生后，轮机员对系统的主要部件逐一进行了检查。在检查到气动差压变送器时，发现气源压力正常(稍低于 0.14 MPa)，测量部分(连同三通阀)也无明显问题。打开差压变送器转换部分的外罩后，经仔细观察后发现，气动差压变送器的喷嘴已堵塞。由于喷嘴堵塞，气动差压变送器的输出超过 0.1 MPa(变送器的输出由压力表指示)，从而使气关式蒸汽调节阀的开度随之变小，导致蒸汽加热量减少(无法提供维持黏度给定值不变所需要的蒸汽量)，最终使燃油黏度的测量值不断变大，无法实现主机燃油黏度的定值控制。

对差压变送器的喷嘴用"皮老虎"进行吹扫和清洁后，系统恢复正常。

4. 经验与教训

气动仪表较容易发生气路堵塞、泄漏等故障。尤其是气动仪表中的喷嘴挡板机构，几何尺寸很小(如恒节流孔和喷嘴的孔径分别只有 0.32 mm 和 1.038 mm)，极易发生堵塞。因此，对于由气动仪表组成的自动控制系统，应重视对节流元件和喷嘴挡板机构的检查和清洁，老龄船舶更需要注意此类问题。

如果发生变送器的线性不好、零位不稳定，调节器的作用规律不符合要求等问题，很可能是喷嘴和恒节流孔阻塞，需要按下通针(如有)，用压缩空气将污物吹掉，必要时需要拆开清洗。

气动仪表在运行管理中还应注意管理好气源。气源应是无尘、无油、无水的干燥空气。实际上，无论对压缩空气如何进行净化处理，压缩空气都会在不同程度上夹杂油、水和灰尘。压缩空气在进入仪表之前先经过调压过滤器，因此，必须经常打开过滤器下面的排污螺钉，而且要经常拆洗过滤元件及其他附件。如果发现调压阀的输出气压达不到 0.14 MPa，而且调节调压螺钉也无效，或者输出压力不稳定，则说明整个调压阀已沾污，必须全面拆洗、烘干，装复后将输出压力调到 0.14 MPa。需要指出的是，气源清洁是气动仪表长期、可靠、稳定地工作的首要条件。

学习笔记：

任务 11　燃油黏度自动控制

任务要求

1. 知识要求

(1)燃油黏度自动控制系统组成和工作原理；

(2)测黏计工作原理；

(3)四针指示调节仪工作原理；

(4)VAF 燃油黏度自动控制系统组成和工作原理。

2. 能力要求

(1)能够正确使用测黏计；

(2)能够正确操作和管理燃油黏度自动控制系统。

3. 素质要求

(1)养成善于动脑、勤于思考、及时发现问题的学习习惯；

(2)提高理论联系实际的能力，培养分析和解决反馈控制系统实际问题的能力；

(3)培养理性思维能力和科学求实精神；

(4)培养学习新技术的能力，增强创新意识。

任务描述

黏度表示燃油流动时分子之间产生的内部摩擦力。其直接影响燃油的雾化及燃油系统的正常工作。黏度太大，则燃油流动性差，雾化不良，燃烧效率降低，气缸严重积碳；黏度太低，会引起喷油泵、喷油器偶件之间的润滑不良和燃油的泄漏。燃油黏度的控制由燃油黏度控制系统来完成，因此需要掌握燃油黏度自动控制系统的操作和管理要点。

任务实施

活动 1　叙述燃油黏度自动控制系统工作过程

为了降低船舶的营运成本，目前几乎所有的柴油机主机都燃用重油。然而重油在常温下流动性很差，燃油黏度不但受温度影响，而且与压力有关。温度升高黏度下降，压力增加的同时黏度也会有所增加。在这样一个相互关系中，温度对黏度的影响比较敏感而又易于控制。因此从表面来看，黏度控制就是一个温度控制问题。这对某一固定品种的燃油来说是正确的，但不同品种的燃油在温度相同的情况下，其黏度差异较大。如果采用温度控制系统，为了控制燃油的最佳喷射黏度，对不同品种的燃油必须重新整定燃油温度给定值，其工作甚繁。特别是对于不同品种燃油混合在一起(从世界各港口装载燃油，油舱中的燃油常是不同品种的混合油)更难确定燃油最佳喷射黏度所对应的温度给定值。因此，在燃油进入高压油泵以前，一般不直接采用温度控制系统，而是直接采用黏度控制系统。它以燃油黏度作为被控参数，根据燃油黏度的偏差值控制加热器蒸汽调节阀的开度，使燃油黏度保持恒定值。

燃油黏度控制系统组成及功能：

(1)系统的组成。燃油黏度控制系统组成原理如图 11-1 所示。该系统由雾化加热器、细滤器、黏度发信器、缓冲滤波器、差压变送器、四针指示调节仪和薄膜调节阀等设备组成。

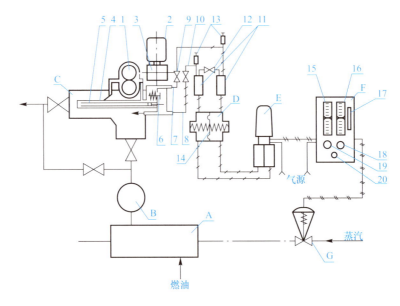

图 11-1　燃油黏度控制系统组成原理

1—齿轮泵；2—电机；3—减速器；4—套管；5—毛细管；6—安全阀；7、8—引压管；
9、10—阀；11—隔离室；12—平衡阀；13—放气阀；14—薄膜；15—测量、给定显示表；
16—输出显示表；17—手、自动切换开关；18—手操旋钮；19—定旋钮；20—拉手
A—雾化加热器；B—细滤器；C—黏度发信器；D—缓冲滤波器；E—差压变送器；
F—四针指示调节仪；G—薄膜调节阀

(2)系统的功能。

1)整体功能。燃油经雾化加热器 A、细滤器 B 和黏度发信器 C 进入主机。在雾化加热器中，燃油被蒸汽加热，蒸汽量由薄膜调节阀 G 控制。黏度发信器测量从雾化加热器出来的燃油的黏度，将黏度信号转变成一个差压信号。然后由两个辅助单元隔离室 11 和缓冲滤波器 D 将差压信号准确地送到差压变送器 E。差压变送器 E 再将差压信号转变成气动标准信号，并送到四针指示调节仪 F。调节仪输出控制信号控制薄膜调节阀 G 的开度。当黏度增加时，调节阀开大，进入雾化加热器的蒸汽量增加，使黏度降低；反之，当黏度减小时，调节阀关小，蒸汽量减小使黏度增加，从而使黏度保持在规定的数值。安全阀 6 的作用是当毛细管堵塞时，安全阀打开防止损坏油泵。

2)测黏计。测黏计的结构原理如图 11-2 所示。其主要部件是恒定排量的齿轮泵 1 和毛细管 2。齿轮泵安装在加热器出口的燃油管路中，由电机经减速装置驱动，其转速恒定，这样，齿轮泵经毛细管排出的油量也是恒定的。由于毛细管的内径很小（2 mm），流过毛细管的油量很小，因此，流过毛细管的燃油呈层流状态。

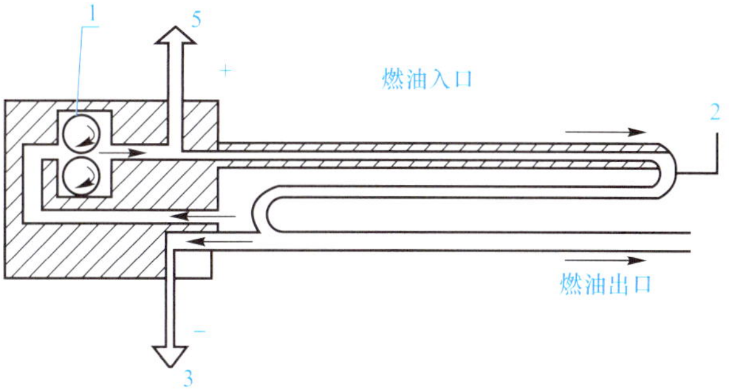

图 11-2　测黏计的结构原理

1—恒流量齿轮泵；2—毛细管；3—接差压变送器

这样，毛细管两端的压差 ΔP 就与燃油黏度成正比。图 11-2 中正、负连接管 3 之间的压差就反映了燃油黏度的实际值。在黏度发信器中，毛细管放在套管中并置于发信器内腔中，这样，可以保证毛细管中的燃油与发信器内腔的燃油具有相同的温度，即具有相同的黏度，使黏度测量更加准确。

3)隔离室。毛细管两端的油压由引压管 7 和 8 引出。如果将管中重油直接通到处于舱室温度的差压变送器，则油可能变稠而使差压变送器失效。为此，先将油压引入两个隔离室 11。在隔离室中充以一种比油重、不溶于油且在室温下不凝固的液体，如甘油、乙二醇。这样，隔离室中上半部是油，下半部是隔离液。隔离室放在黏度发信器旁边，温度较高，油在其中不会凝固，差压信号由隔离液传递到差压变送器。

平衡阀 12 和放气阀 13 用来放掉隔离室内的空气。

4)缓冲滤波器。由于燃油系统中低压油泵（输油泵）的排油、高压油泵的吸油及齿轮泵 1 的排油，可能造成毛细管内油压剧烈波动，干扰差压的测量。为此，在隔离室与差压变送器之间装有缓冲滤波器 D，它中间有薄膜 14，薄膜两侧有弹簧。差压的脉动引起薄膜 14 变形而左右移动，消耗脉动能量，使缓冲滤波器之后的油压稳定。

5)差压变送器。差压变送器采用气动差压变送器，其结构与工作原理见任务 7，这里不再介绍。

6)船用四针指示调节仪。四针指示调节仪根据代表黏度的测量信号与给定值的偏差，发出 PI 规律的输出信号传送给薄膜调节阀。除调节的作用外，四针指示调节仪还具有指示、给定与遥控的作用。图 11-3 是 QXZ-405-C 型四针指示调节仪面板及背部。在面板上有两个压力表，四个指针 2、3、4、5 分别指示阀位、手操压力、给定值和测量值。因而，该调节仪叫作四针指示调节仪。给定旋钮 7 用来改变希望黏度稳定的数值。"手动—自动"开关 1 打在"手动"位置时，可以手动旋转手操定值器旋钮 6 来控制调节阀的开度。旋松锁紧旋钮 8 可以将仪表的机芯像抽屉一样拉出，进行检修和调整。背部有五个管接头，分别通测量、气源、阀门、开关和（外）给定。

图 11-4 所示为四针指示调节仪原理。在稳定的状态下，四个波纹管对杠杆支点所产生力矩的代数和等于零，杠杆静止不动，喷嘴与挡板的间隙不变，放大器的输出不变，阀门开度不变。若黏度突然增加并大于给定值，则测量力矩大于给定力矩，杠杆绕支点顺时针

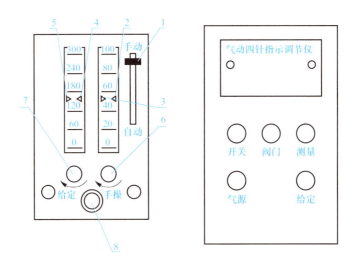

图 11-3　QXZ-405-C 仪表面板及背部

1—"手动—自动"开关；2—阀位指针；3—手操压力指针；4—给定值指针；5—测量值指针；

6—手操定值器旋钮；7—给定旋钮；8—锁紧旋钮

偏转。喷嘴挡板的间隙减小，放大器输出增加。调节器的输出，一方面经气开关 2（"手动—自动"开关打在"自动"位置时，气开关 2 打开，气开关 1 关闭）去执行机构使薄膜调节阀开度增加，另一方面经反馈气路实现比例、积分作用。增大的输出一路进入负反馈波纹管，另一路经比例阀进入正反馈波纹管。在 $P_负$ 增大的瞬间，积分气容及跟踪器中的压力尚未变化，所以，$P_负 > P_正$，即正、负反馈的综合结果仍为负反馈。正反馈抵消了一部分负反馈。这时正、负反馈波纹管对杠杆支点的力矩差正好使测量和给定波纹管所产生的力矩差平衡，使杠杆达到暂时的平衡，实现比例作用。此时，由于 $P_负 > P_正$，则 $P_测$ 大于 $P_给$，比例调节存在静态偏差。改变比例阀的开度即可调整比例作用的强弱，改变比例度的大小。开大比例阀，则 $P_正$ 增加，综合负反馈作用弱，比例作用增强，比例度减小。关小比例阀，$P_正$ 减小，负反馈作用强，比例作用弱，比例度大。

增大的输出不断经积分阀向积分气容充气，其压力不断上升。经跟踪器后使 $P_正$ 逐渐上升，挡板逐渐靠近喷嘴，$P_负$ 又略有增加，以消除静态偏差，实现积分作用。当最终达到平衡时，$P_正 = P_负$，$P_测 = P_给$，被控量恢复原数值。

跟踪器的作用是上室压力始终跟随下室压力。当下室压力即积分气容压力上升时，膜向上盖住喷嘴，由于气源的供气，上室压力不断上升；当下室压力下降时，膜片向下变形，上室气体经喷嘴排向大气，上室压力下降。上、下室压力相等时膜片平衡。

调整积分阀的开度可以调整积分时间的长短。开大积分阀，积分气容中压力上升得快，$P_正$ 上升得快，积分时间短，积分作用增强。关小积分阀，积分时间长，积分作用减弱。当"手动"—"自动"开关置于"自动"位置时，气源到达气开关 1 的膜片下，将膜片顶起，气开关 1 关闭，来自手操定值器的气路被切断；同时，气开关 2 膜片下的空气排向大气，膜片向下。气开关 2 打开，调节器的输出通向阀门。当切换开关放在"手动"位置时，气开关 2

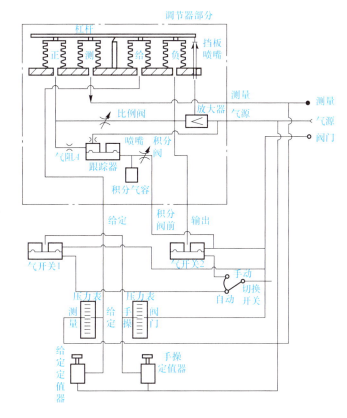

图 11-4 四针指示调节仪原理

关闭，调节器的输出被切断，气开关 1 打开，改变手操定值器的输出即可实现对阀门的远距离控制。

7)薄膜调节阀。薄膜调节阀的结构和功能见任务 6。

学习笔记：

_____

_____

_____

_____

_____

_____

_____

活动2 叙述 VAF 型燃油黏度自动控制系统工作过程

1. 控制系统的组成

VAF 型燃油黏度自动控制系统如图 11-5 所示。其主要由测黏计、差压变送器和气动调节阀等部分组成。

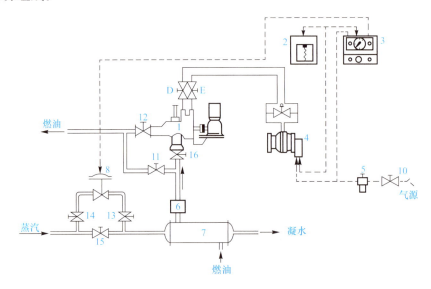

图 11-5　VAF 型燃油黏度自动控制系统

1—测黏计；2—记录仪；3—调节器；4—差压变送器；5—过滤减压阀；6—燃油细滤器；

7—燃油加热器；8—气动调节阀；9—平衡阀；10、11、12、13、14、15、16—截止阀

2. 测黏计与差压变送器

测黏计检测燃油加热器出口燃油的黏度，并将黏度值转换为压差信号作为黏度的测量信号送到差压变送器。差压变送器将该差压信号按比例转换为 0.02～0.1 MPa 的气压信号送到调节器。测量值与给定值相比较得到一个偏差值，此时调节器根据偏差信号的大小和方向按比例积分的作用规律输出一个控制信号来改变蒸汽调节阀的开度，将燃油黏度维持在给定值上。图 11-6 所示为 VAF 型燃油黏度自动控制系统组成。

测黏计的结构原理与图 11-2 相同，这里不再叙述。差压变送器是燃油黏度的变送单元。其将表征燃油黏度的差压信号成比例地转换为气压信号并送到调节器和黏度指示仪。

3. 气动调节器

VAF 型黏度控制系统所采用的气动调节器是按位移平衡原理工作的，其能实现比例积分的控制作用。图 11-7 所示为 VAF 型调节器的结构简图。当控制系统处于平衡状态时，被控参数等于给定值，调节器上的测量指针(黑色)与给定指针(红色)重合。当系统受到扰动时，测量值偏离给定值出现偏差。若测量值大于给定值，则差压变送器输出的气压信号增大，波纹管伸长，前、后两个扇形轮均绕固定轴逆时针转动一个角度。其使指示盘上的

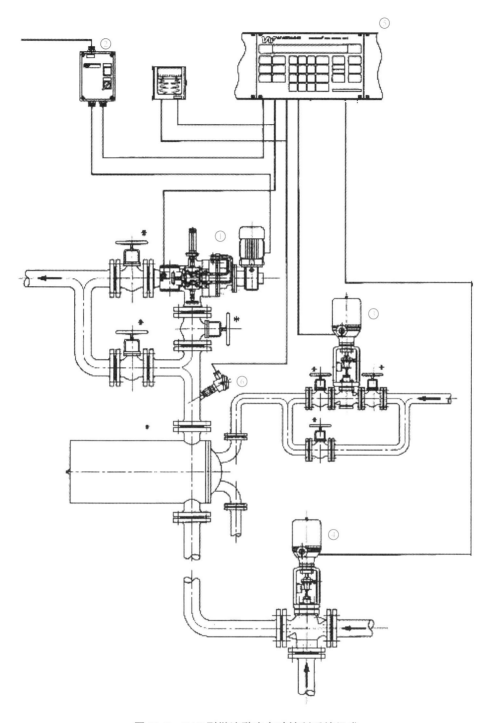

图 11-6　VAF 型燃油黏度自动控制系统组成

1—测黏计；2—压力调节开关；3—气动调节阀；4—燃油控制阀；5—调节器；6—测温传感器

黑色指针顺时针转动，指示燃油黏度的实际值增大，同时，连杆 AB 上移，杠杆 BD 以 C 点为支点逆时针转动，D 点下移，通过弹簧的挠性传动，使 P 轴顺时针转动。于是安装在 P 轴上的挡板离开喷嘴，喷嘴背压降低。喷嘴背压经功率放大器，使输出压力下降(调节器是反作用的）。调节器输出的下降压力送到气关式蒸汽调节阀，开大阀门，增加通入加热器的蒸汽量，降低燃油黏度。同时，调节器输出压力送到反馈波纹管，并经积分阀与积分气室相通。但因积分阀的节流作用，在输出压力下降的瞬间，积分气室压力不变，而反馈波纹管中的压力瞬间降低，反馈波纹管和反馈杆 LN 左移。比例带调整盘的拨动杆 MN、反馈杆 LN 和反馈弹簧片 JO 的端部铰接在一起，铰接点的运动轨迹是以 M 点为圆心，以 MN 为半径的圆弧。当反馈杆 LN 左移时，N 和 J 点下移，反馈弹簧片 JO 下移，使杆 OC 绕 P 轴逆时针转动，C 点上移，BD 杆以 B 点为支点顺时针转动，D 点上移，通过弹簧的挠性传动使 P 轴逆时针转动，挡板向靠近喷嘴的方向移动，即是负反馈。喷嘴挡板的开度靠输入信号使挡板离开喷嘴的位移与反馈信号使挡板靠近喷嘴的位移相平衡而暂时稳定下来。这时挡板开度比原来的开度稍大一些。偏差越大，挡板的开度变化越大。显然，负反馈作用使调节器实现比例控制。随着输出压力的降低，积分气室的压力不断降低，波纹管内、外、差压不断减小，使 LN 杆又逐渐右移，反馈弹簧片 JO 逐渐上移，使挡板又离喷嘴远一些，调节器输出压力随时间又逐渐降低。这个附加正反馈实现了积分作用，直到燃油黏度的测量值又恢复到给定值，偏差为零，喷嘴挡板的开度才固定在新的值上，整个控制系统处在新的平衡状态。若燃油黏度测量值小于给定值，差压变送器输出的信号压力减小，调节器按上述相反的方向动作，输出压力增加，关小蒸汽调节阀，使燃油黏度升高，并逐渐恢复到给定值。

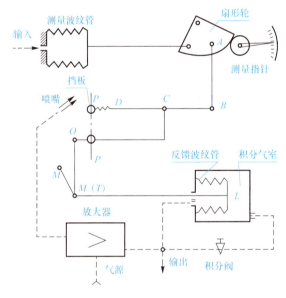

图 11-7　VAF 型调节器的结构简图

　　调节器的调整包括调整比例带、积分时间、给定值及正、负作用切换和手动、自动切换等。调整比例带是通过调整负反馈强度来实现的。改变比例带调整盘上 M 点的位置可以调整负反馈强度，参见图 11-8。若将 M 点向上面的垂直方向移动，在 LN 相同位移情况下，JO 反馈弹簧片上、下移动的距离小，负反馈弱，比例作用强，比例带减小；反之，M 点向下水平方向移动，负反馈强，比例带增大。调整积分时间是通过调整积分阀的开度实现的，开度大，积分时间短，积分作用强；反之，积分作用弱。

上面介绍的调节器是反作用的，它与气关式调节阀配套使用。如果采用气开式调节阀，调节器应改为正作用式。这时只需要将喷嘴顺时针转动 90°，使其对准下面的挡板，同时，将比例带调整盘上的 M 点由左上角移到右上角(图 11-8)，这样，差压变送器与调节器输出信号的方向就一致了。

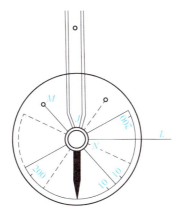

图 11-8　比例带调整盘示意

活动 3　VAF 型燃油黏度自动控制实训

1. 实训设备

在 VAF 型主机燃油黏度控制系统半实物实训装置(图 11-9)中，电动差压变送器、电动三通燃油转换阀、电动直行程蒸汽调节阀、热电阻均为实物，其余设备采用计算机仿真。

2. 操作步骤及方法

(1)系统投入运行的准备工作。

1)启动计算机运行仿真程序，进入系统主界面。熟悉测黏计、差压变送器、黏度控制器、蒸汽调节阀、加热器等设备在系统中的位置及信号传递关系。

2)进入"控制电路"界面，通过点击合上三相电源开关，分别按下燃油供应泵和燃油循环泵的"启动"按钮，然后返回主界面。

图 11-9　VAF 型主机燃油黏度控制系统半实物实训装置

3)先将电动差压变送器的平衡阀打开，然后打开导压阀，再关闭平衡阀。

4)在黏度控制器面板(图 11-10)上，按 STOP CONTROL 键，显示器上显示 CONTROL＝OFF。通过 MANU UP 和 MANU DOWN 键，熟悉显示界面和内容。

检查或修改系统的操作参数(如黏度设定值、温度设定值、黏度报警值、温度报警值等)。

按 SETUP 键，键入 PASSWORD"4963"，检查或修改系统的控制参数(如比例带、积分时间、换油温度、升温速率 1、升温速率 2、最大加温温度等)。

修改参数时，先按 CHANGE 键，接着按 SHIFT 键将光标移动到要修改的字段位置，然后通过数字键盘键入数值，最后按 ENTER 键确认。

(2)黏度自动控制(图 11-11)。在图 11-10 黏度控制器面板上操作，进行黏度自动控制，并观察面板屏幕数据变化情况。

(3)温度自动控制(图 11-12)。按 TEMP CONTROL 键，进入温度控制模式，其过程和黏度控制过程基本相同。

注意：程序升温过程结束后，系统不进入黏度控制状态，而是对重油进行温度定值控制。

图 11-10　黏度控制器面板

(4)手动控制。

1)按 MANUAL CONTROL 键，进入手动控制状态，可以在控制器面板上手动设定参数。在控制器面板上按 VISC CONTROL 键，选择黏度控制模式。进入"动态显示曲线"界面，观察燃油温度、黏度的变化及控制面板 LCD 的显示内容，体会 DO 程序加温、自动 D/

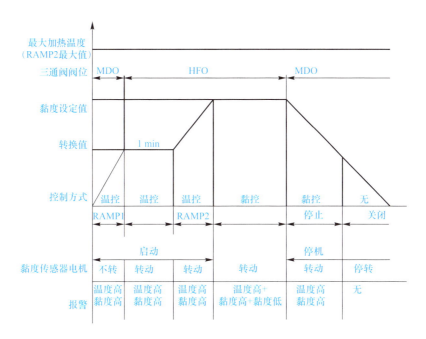

图 11-11　黏度自动控制过程

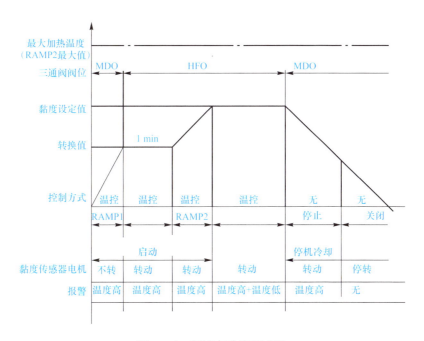

图 11-12　温度自动控制过程

H 转换、HFO 程序加温、HFO 黏度定值控制的过程。

　　2)改变主机负荷大小(%)，观察实际燃油温度、黏度及调节阀开度的变化。

　　3)改变黏度控制器的比例带和积分时间，然后改变主机负荷大小(%)，观察燃油温度、黏度及调节阀开度的变化。蒸汽控制阀的开度、手动控制测黏计马达的开/关和手动转换燃油类型。

（5）停止系统运行。

1）按 STOP CONTROL 键，系统会自动将 HFO 转换成 DO 并采用黏度控制，自动调小直至关闭蒸汽加热阀。当温度降到"转折点"温度值时，控制器将自动关闭测黏计马达。

2）在停止整个系统工作时，应先打开差压变送器的平衡阀，再关闭高低导压阀。

3. 注意事项

（1）在检查和调整参数时，要注意程序加温的速率满足 RAMP2＞RAMP1。

（2）退出"SET UP"状态时，也需要键入 PASSWORD"4963"并按 ENTER 键，然后按 MAIN MANU 键返回控制器的主界面。

任务工单见表 11-1。

表 11-1　任务工单

学习领域	船舶动力设备自动控制					
任务名称	VAF 型燃油黏度自动控制实训		学时	2	班级	
学生姓名		学号		组别	任务成绩	
任务描述	接受 VAF 型燃油黏度自动控制实训任务工单，查阅相关资料，了解 VAF 型燃油黏度自动控制组成和工作原理、VAF 型燃油黏度自动控制内容和步骤及相关注意事项，根据任务要求进行实训					
场地、设备	电训化实训室、VAF 型燃油黏度自动控制实训实验台					
资讯	1. 简述燃油黏度控制不直接用温度控制黏度的方法： 2. 简述测黏计的工作原理： 3. 简述 VAF 型燃油黏度自动控制系统的组成： 4. 简述 VAF 型燃油黏度自动控制系统的整体功能：					
计划与决策	请根据任务要求，确定所需要的知识、设备、工具，并对小组成员进行合理分工，制订完成 VAF 型燃油黏度自动控制任务的详细方案。 　1. 写出实施方案： 　2. 小组人员分工： 　3. 所需要的知识、设备、工具：					

	VAF 型燃油黏度自动控制	
实施	步骤一：实训前准备工作 1. 技术准备： 2. 工具准备： 3. 对象准备： 步骤二：黏度自动控制 步骤三：温度自动控制 步骤四：手动控制 步骤五：停止运行	
	遇到的问题	解决的问题
	1.	
	2.	
	3.	
	4.	
	5.	
检查	学生自查： 指导教师检查：	

任务工单完成情况评价见表 11-2。

表 11-2　任务工单完成情况评价

评价	自我评价						评分(满分 10 分)
	组内互评	学号	姓名	评分(满分 10 分)	学号	姓名	评分(满分 10 分)
		注意：最高分与最低分相差最少 3 分，同分人最多 3 个，某一成员分数不得超平均分±3 分。					
	小组互评						评分(满分 10 分)
	教师评价						评分(满分 10 分)
签字	任务完成人签字：　　　　　　日期：　年　月　日						
	指导教师签字：　　　　　　日期：　年　月　日						

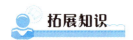
拓展知识

NAKAKITA 型燃油黏度自动控制系统

1. 系统的组成

NAKAKITA 型燃油黏度自动控制系统组成原理如图 11-13 所示。其中由测黏计 23、差压变送器20、黏度调节器9和蒸汽调节阀6等组成黏度定值控制系统，由温度变送器25、温度程序调节器8和蒸汽调节阀6等组成温度程序控制系统。"温度—黏度"控制选择阀7的作用是：在油温低于上限值（如130 ℃，可调）时，其选择温度调节器的输出控制蒸汽调节阀，对燃油温度进行程序控制；在油温达到上限值时，其选择黏度调节器的输出控制蒸汽调节阀，对燃油黏度进行定值控制。

2. 系统的功能

当燃油温度在下限值与上限值之间变化时，黏度控制不起作用，蒸汽调节阀受温度程序调节器的控制；当燃油温度达到上限值时，系统能自动切除温度程序控制而转换为黏度定值控制，蒸汽调节阀受黏度调节器控制。

柴油与重油自动转换也是以油温为条件的。在燃油系统投入工作以前，若油温较低并处于下限值（20 ℃，可调）时，虽然已将"柴油—重油"转换开关切换到"重油"位置，但燃油系统仍然用柴油工作。在温度程序调节器的控制下，油温慢慢升高。当油温达到中间温度值（70 ℃，可调）时，控制电路动作并通过三通电磁阀2和三通活塞阀1使燃油系统由用柴油转换为用重油工作。由于此时油温低于上限值（130 ℃，可调），对重油的加热仍受温度程序调节器的控制，直到油温上升到上限值时转为黏度定值控制。该控制系统增加了温度程序控制，避免了在油温较低的情况下，采用黏度控制会使油温升高过快的现象出现，从而改善喷油设备的工作条件。柴油与重油自动转换可使在油温较低的情况下，燃油系统使用柴油工作，这既能保证良好的雾化质量，又能用柴油冲洗用过重油的管路，保证控制系统和喷油设备工作的可靠性。

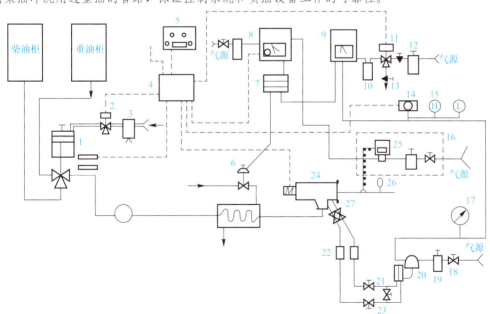

图 11-13　NAKAKITA 型燃油黏度自动控制系统组成原理

1—三通活塞阀；2、11—三通电磁阀；3—空气过滤器；4—继电器箱；5—选择器；6—蒸汽调节阀；
7—控制选择阀；8—温度程序调节器；9—黏度调节器；10—气容；12、19—过滤减压阀；13—针阀；
14—黏度记录仪；15—压力开关；16—调整板；17—黏度指示仪；18、23、27—截止阀；
20—差压变送器；21—平衡阀；22—油分离器；23—测黏计；25—温度变送器；26—阻尼元件

3. 温度程序调节器

温度程序调节器的工作原理与前面介绍的调节器基本相同，只是多了一套温度程序设定装置。同时，调节器是采用正作用式的。温度程序设定装置如图11-14所示。其是在给定指针上加装一个驱动杆，小齿轮转动扇形齿轮时，驱动杆与给定指针一起转动。驱动杆上装有上、下限开关，两个开关的开关状态由开关杆控制。当驱动杆转动时，开关杆沿着控制板移动。驱动杆上还装有中间温度限位开关，它的开关状态由可调凸轮控制。当中间温度确定（如70℃）后，可调凸轮的位置固定不变。驱动杆和给定指针由小齿轮带动。按下给定值旋钮，离合器脱开，转动给定值设定旋钮，可手动设定温度给定值。拔出给定值设定旋钮，离合器合上，同步电机 SM_1 和 SM_2 的转动，通过差动减速齿轮装置和小齿轮带动驱动杆和温度给定指针转动。在控制系统没有投入工作时，燃油温度低于下限值，开关杆与下限温度设定器相碰，下限开关闭合，上限开关断开，中间温度限位开关触头没有被可调凸轮压下。

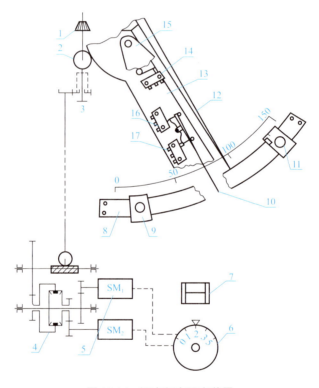

图 11-14　温度程序设定装置

1—给定按钮；2—小齿轮；3—离合器；4—差动齿轮装置；5—同步电机；6—温度上升—下降速度开关设定；

7—温度上升—下降指示灯；8—控制板；9—下限温度设定器；10—开关杆；11—上限温度设定器；

12—给定指针；13—驱动杆；14—中间温度限位开关；15—可调凸轮；16—下限开关；17—上限开关

在控制系统投入工作时，先将"柴油—重油"转换开关转换到"重油"位置。合上电源开关，同步电机 SM_1 和 SM_2 开始转动，并经差动减速装置和小齿轮带动驱动杆与温度给定指针向指示温度增高的方向转动，经调节 PID 的控制作用，燃油温度的测量值将以相同的速度跟踪给定值上升。温度给定值上升的速度靠"上升—下降"设定开关来实现。它共有5挡，即0、1、

2、3、5，分别控制电机SM_1和SM_2的转动方向。两个电机都经差动减速装置带动小齿轮转动，但它们的减速比不同，SM_2的减速比小于SM_1。这样，两个电机的转动方向不同，温度给定值的变化速度也不同。以增大温度给定值为例，温度"上升—下降"设定开关在不同挡上，电机SM_1和SM_2的转动方向及相应的温度给定值上升速度（℃/min）见表11-3。

表11-3 设定开关的作用

挡位	SM_1转动方向	SM_2转动方向	温度给定值上升速度/(℃·min⁻¹)
0	停	停	温度定值控制
1	反转	正转	1
2	正转	反转	1.5
3	停	正转	2.5
5	正转	正转	4

在燃油温度达到设定的中间温度以前，中间温度限位开关没有被凸轮压下，燃油系统用柴油工作。当油温升高到设定的中间温度时，中间温度限位开关被可调凸轮压下，使三通电磁阀2和三通活塞阀1（图11-13）动作，自动切断柴油通路，让重油进入燃油系统。当温度上升到上限值时，开关杆与上限温度设定器相碰，下限开关断开，上限开关闭合，同步电机停转，油温给定值不再上升。这时控制系统由温度程序控制自动转换为黏度定值控制。

如果将"柴油—重油"转换开关转换到"柴油"位置，同步电机就以与原来相反的方向转动，温度给定值按原速降低，控制系统由黏度定值控制自动转换为温度程序控制。当油温下降到中间温度时，自动切断重油通路，燃油系统用柴油工作；当油温下降到下限值时，下限开关闭合，上限开关断开，同步电机停转。

4."温度—黏度"控制选择阀

温度程序调节器和黏度调节器的输出信号都送到"温度—黏度"控制选择阀，选择阀的输出信号送入蒸汽调节阀控制其开度。当温度低于上限值时，选择阀输出温度程序信号；当油温达到上限值时，选择阀输出黏度控制信号。

5. 三通电磁阀和三通活塞阀

三通电磁阀和三通活塞阀用于控制柴油与重油自动转换，其工作原理如图11-15所示。其中，图11-15(a)所示为三通电磁阀的逻辑符号；图11-15(b)所示为三通活塞阀的结构示意。B和C分别接重油和柴油管路。A是三通活塞阀的输出管路。当油温低于中间温度时，中间温度限位开关触头没有被压下，电磁阀SV_1通电，SV_2断电，三通电磁阀下路通，气源被截止。三通活塞阀的控制活塞3上部通大气。在弹簧8的作用下，控制活塞3连同活塞杆4和控制阀6一起上移，直到控制阀6落在上阀座5上为止。这时，切断重油管B与输出管处的通路，而柴油管C通输出管A，柴油进入燃油系统。当燃油温度高于中间温度值时，中间温度限位开关被可调凸轮压下，此时三通电磁阀SV_1断电，SV_2通电，三通电磁阀上路通，气源进入三通活塞阀的控制活塞 3 的上部空间，使控制活塞 3 连同活塞杆 4 和控制阀 6 一起克服弹簧 8 的张力向下移动，直到控制阀 6 落在下阀座 7 上为止。这时，切断柴油管 C 与输出管 A 之间的通路。接通重油管 B 与输出管 A 之间的通路，重油进入燃油系统。三通电磁阀的逻辑功能是 SV_1 和 SV2 不可能同时通电，它们中一个通电另一个必定断电。SV2 通电，三通电磁阀上路通，SV_1 通电，三通电磁阀下路通；如果 SV_1 和 SV2 均断电，三通电磁阀保持原状态。

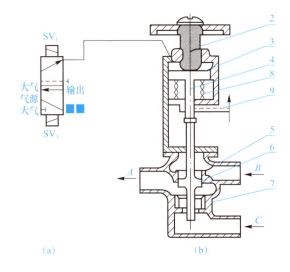

图 11-15　三通活塞阀工作原理

1—手轮；2—限位螺钉；3—控制活塞；4—活塞杆；5—上阀座；

6—控制阀；7—下阀座；8—弹簧；9—限位开关杆

(a)三通电磁阀的逻辑符号；(b)三通活塞阀的结构示意

限位开关杆 9 用于检测柴油与重油转换是否完成。转动手轮可以进行柴油与重油的手动转换。

6. 系统工作过程

(1)系统启动。若使系统投入工作，应先合上电源主开关，电源指示灯亮；再将温度"上升—下降"设定开关转到所要设定的位置上，如转到"5"挡。然后将"柴油—重油"转换开关转换到"重油"位置，重油转换灯亮，表示系统已投入工作。这时电机 SM_1 正转，电机 SM_2 正转，于是油温会以 4 ℃/min 的速度上升；测黏计电机启动，使测黏计和差压变送器投入工作。黏度指示仪表和记录仪表将显示燃油黏度值，但因黏度调节器没有接通气源而没有输出。此时燃油系统采用柴油工作。

(2)供柴油切换成供重油油温从下限值开始以 4 ℃/min 的速度上升。温度程序调节器的驱动板和给定指针逐渐向温度增高的方向转动。当油温上升到中间温度时，可调凸轮将中间温度限位开关压下，三通电磁阀 SV2 通电、SV_1 断电。三通电磁阀上路通，三通活塞阀的活塞上部空间通气源，将活塞压到下位，这时，燃油系统自动由用柴油转换到用重油。

(3)升温控制变换成温度定值控制。当油温达到上限值时，开关杆与上限温度设定器相碰，下限开关断开，上限开关闭合，电机 SM_1 和 SM_2 断电停转，燃油温度不再升高，即由温度程序控制转为温度定值控制。其工作的持续时间由计时器（0～60 min 范围内调整）决定。

（4）温度控制变换成黏度控制。一旦计时器计时时间到，黏度调节器接通气源投入工作。把差压变送器送来的与黏度成正比的气压信号同给定值相比较得到偏差信号，经黏度调节器中 PID 控制作用输出一个控制信号，该信号大于温度程序调节器的输出信号，"温度—黏度"控制选择阀输出黏度控制信号，实现对燃油黏度的定值控制。

（5）系统停止。如果要停止控制系统工作，只要把"柴油—重油"转换开关转换到"柴油"位置即可。这时同步电机出现同升温控制时相反的运转，即电机 SM_1 反转、SM_2 反转。温度程序调节器的给定值按原速降低。当油温下降到中间温度时，中间温度限位开关弹回，三通电磁阀 SV_2 断电、SV_1 通电。三通电磁阀下路通，三通活塞阀的活塞上部空间通大气，活塞由下位转换到上位，燃油系统由用重油转换到用柴油。

当燃油温度下降到下限值时，开关杆与下限温度设定器相碰，下限开关闭合，上限开关断开。电机 SM_1 和 SM_2 断电停转。测黏计和黏度显示仪表停止工作。至此，控制系统又恢复到系统投入工作前的初始状态。拉下电源主开关，切除了控制系统的工作。

7. 管理维护

本系统的黏度和温度调节器都是气动仪表，有关的气动仪表的日常管理要求、特点、应注意的事项及常见故障排除在本系统中一样可以应用。在此要特别指出的是，系统在运行过程中，每隔一段时间要按一下安装在横节流孔上的通针，对横节流孔进行一次冲洗，以免被污物堵塞，如果横节流孔旁没有装通针，应将它拆下来用溶剂进行清洗。在装配前，要用压缩空气吹干。测黏计马达滚珠轴承应每年清洁一次，并重新灌注润滑脂。齿轮箱每年要检查和清洗一次，清洗后用压缩空气吹干，添加新齿轮油至正常油位。

另外，本系统在运行过程中最常见的故障是，当系统停用一段时间再次启用时，执行机构的调节阀刚开始不动作，势必导致被控参数暂时失控。在这种情况下，最简单的方法是通过大幅度的改变给定值，使调节器的输出增大，一旦调节阀动作后，立即将给定值调回正常值即可。

学习笔记：

任务 12 认知分油机自动控制

 **任务要求**

1. 知识要求

(1)S 型分油机的结构及基本工作原理；

(2)S 型分油机自动控制系统的组成；

(3)EPC-50 控制单元的工作原理；

(4)EPC-50 分油机的时序控制过程。

2. 能力要求

(1)能够叙述分油机的基本工作过程；

(2)能够叙述分油机的自动控制过程；

(3)能够自动和手动操作分油机。

3. 素质要求

(1)养成善于动脑、勤于思考、及时发现问题的学习习惯；

(2)提高理论联系实际的能力，培养分析和解决反馈控制系统实际问题的能力；

(3)培养理性思维能力和科学求实精神；

(4)培养学习新技术的能力，增强创新意识。

任务描述

由于世界范围内船舶所用的重燃料油质量的变化，为了保证燃用重燃料油的柴油机可靠和经济地运转，对油的有效净化增加了要求，而影响重油净化的最大因素是密度的变化。低级重燃料油的密度增加是世界范围的发展趋势。根据目前油料的变化，S 系列分油系统设计成了一个集成化的分离系统，利用了取消比重环和根据净油的性能指标控制排渣、排水的 ALCAP 技术，能够自动地调整操作，为所有类型油料，尤其是较难处理的重燃料油，提供最佳的净化处理。S 型分油机采用了 EPC-50 控制单元控制分油机的启动、排渣和停机，用户可以根据分油机的用途和不同的使用条件进行内部参数的修改与设定。

 **任务实施**

活动 1 叙述 S 型分油机的基本工作原理

S 型分油机的结构原理如图 12-1 所示。S 型分油机进出油管结构由原来的双向心泵（下部一个为净油排出，上部一个将分离出的水排出），改为下部有一个具有向心功能的固定不动的向心泵 12，它能将分离出来的净油从净油出口 2 口排出。上部使用向心管 4 能将分离出来的水从出水口 3 排出。向心管是活动的，在支撑臂及弹簧的作用下将其向外张开，使其保持与水腔内的水界面接触，需要时可将水腔内水向外泵出。实际上无论向心泵还是向心管，都是将高速旋转的液体流动能转变成位能(压力能)，这种改进使能耗降至最低。待分油从待分油进口 1 连续进分油机，经旋转分离叠片组外边缘上的垂直缺口进入分离叠片组，油经分离叠片之间形成的通道上升，油在上升的过程中继续被分离，水分和渣质被离心力甩向分离叠片的外侧，净油被推向分离叠片的内侧，当净油向内离开分离叠片后，流过分配器油孔进入油腔，通过向心泵 12 扩压，油被泵出油腔，在净油出口 2 所连接的管路上安装有手动背压调节阀和一台 MT50 型水分传感器，其能精确地检测净油中的含水量。当分离出来的水很少时，其油水分界面在分离叠片外侧较远处，这时安装在排水出水口 3 管路上的排水电磁阀关闭，封住出水口 3 不向外排水。从净油出口 2 排出的净油中基本不含水分或含水量极少。随着分离过程的进行，油水分界面不断向里移动，水分传感器会感受到净油中含水量的增大。当油水分界面移动到接近分离叠片外边缘时，净油中的含水量会增加到一个触发值。这个触发值将被送到 EPC-50 型控制器，由该装置决定是打开排水电磁阀向外排水，还是打开排渣口 X 进行一次排渣。如打开排水电磁阀排水，油水分界面会迅速外移，净油中含水量也会迅速减少，当降低到一定值时将会停止排水。

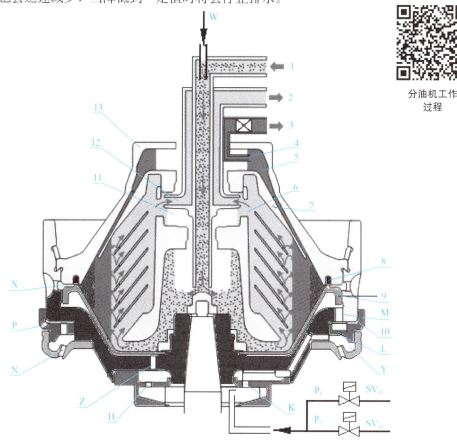

图 12-1　三通活塞阀工作原理

1—待分油进口；2—净油出口；3—出水口；4—向心管；5—水腔；6—分配器孔；7—顶盘；
8—密封环；9—活动排渣底盘；10—操作滑环；11—分离油腔；12—向心泵；13—分离筒盖

当待分油中含水量极少，从上次排渣算起，又已达到最大排渣间隔时间，而油水分界面仍距分离盘外侧较远时，尽管净油中基本不含水分，但 EPC-50 型控制装置也要进行一次排渣操作。为减少排渣时油的损失，首先停止向分油机供待分油，在排渣前要从水管的 W 口供置换水，关闭出油阀，油水分界面会向里移动，为了使更多的油在排渣前从分油机内被赶出，以减少油的损失，当出油口压力传感器检测到的压力达到 0.2 bar 时，打开出油阀；当置换水供给到量时（置换水的体积是根据分油机首次启动时对水流量标定后自动设定的），打开排渣口进行排渣。

S 型分油机分离筒在结构上也有较大的改变，操作滑环 10 取消了托顶弹簧，活动排渣底盘 9 不再利用上、下运动使分离筒封闭，而是靠活动排渣底盘 9 下部的工作水形成的压力使活动排渣底盘 9 下部平面部分的向上变形，使活动排渣底盘 9 外边缘向上移动与分离筒盖上的密封环 8 紧密接合，从而使分离筒的排渣口 X 密封。分离筒盖的锁紧由以前的锁紧螺母改为锁紧环。在正常分油期间，为了补偿工作水由于蒸发和漏泄造成的缺失，由管 P_2 断续供水，使其工作水面维持在 Z 孔附近（少量多余的工作水会经喷嘴 P 泻出），这时管 P_1 断水。当需要排渣时，管 P_1 进水，水面向里移，经 K 孔进入开启室 Y，在 Y 室充满水后（由于进水量较大而喷嘴 P 来不及泄放），水压分别作用到操作滑环 10 上、下两个不同的面积上，由于上边的面积大于下边的面积，因此水压会对操作滑环 10 产生一个向下的作用力，致使操作滑环 10 向下移动，打开泄水孔 M，活动排渣底盘 9 下面的工作水通过泄水孔 M 经喷嘴 P 和泄水孔 N 泄出。由于活动排渣底盘 9 下面的工作水泄放出去，作用到活动排渣底盘 9 下面工作水的动压头会消失，并且，活动排渣底盘 9 下部平面部分是由具有记忆功能的特殊材料制成的，因此这时恢复常态使外边缘向下移动，打开排渣口 X 进行排渣。这样操作滑环 10 上面的水会很快泄完，而作用到操作滑环 10 的下面，孔 N 径向以外的水泄不掉，仍留在开启室 Y，而且会对操作滑环 10 产生一个向上的推力，使操作滑环 10 上移，从而封闭泄水孔 M，然后管 P_2 进工作水，水经 H 和 Z 孔进入活动排渣底盘 9 下部，工作水形成的压力使活动排渣底盘 9 下部平面部分的向上变形，从而使外边缘上移，活动排渣底盘 9 的外边缘上部与分离筒盖上的密封环 8 再次紧密接合封住排渣口 X。管 P_2 连续进水一段时间后恢复继续进水。

学习笔记：

_____

_____

_____

_____

_____

活动 2 叙述分油机 EPC-50 控制系统组成和功能

在 S 型分油机中，组成其控制系统的重要设备是 EPC-50 控制单元，EPC-50 控制单元与系统中的 MT50 型水分传感器组成了 ALCAP 系统。水分传感器的变送单元接收安装在净油出口管路上的水分传感器输出的净油中含水量的信号，经处理后送至主控单元，安装在分油机待分油的进口管路上和净油出口管路上的各种传感器送来的信号，经分析和处理后，由输出端送出各种信号，可对分油机进行操作。同时，分油机的运行状态也可通过在主控面板上显示屏的数字进行显示。S 型分油机自动控制系统的组成原理如图 12-2 所示。

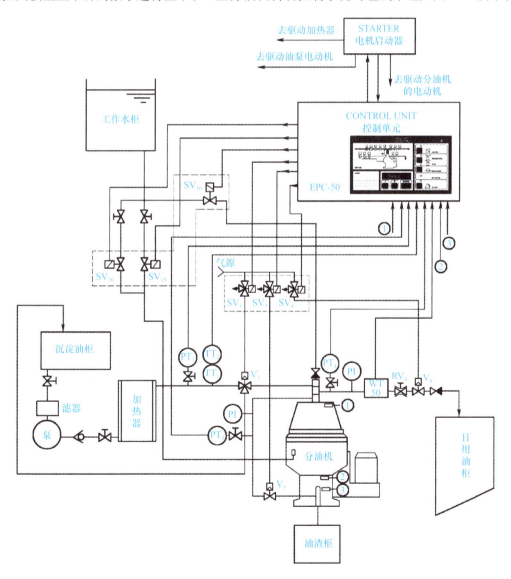

图 12-2 S 型分油机自动控制系统的组成原理

在该控制系统中，对于 EPC-50 控制单元来说，其输入信号和输出信号是比较多的。这些信号能准确地监视分油机的工作状态，同时，也能控制分油机的各种操作。

1. 输入信号

安装在燃油加热器出口，即待分油进分油机管路上的温度传感器 TT1、TT2 和压力传感器 PT1 的输出信号。其中，温度传感器 TT_1 用来测量待分油进口的温度，在正常运行期间，它检测燃油温度实际值，当油温达到上限值或下限值时，通过控制单元使报警开关闭合，发出高油温或低油温报警；TT_2 检测到的温度信号经温度变送器处理后，送至燃油加热器油温控制系统的 PI 调节器，对燃油温度进行比例积分控制，将油温控制在给定值上。燃油加热系统在 PI 调节器控制下，可保持分油机最佳分离效果所要求的燃油温度值 98 ℃；PT1 是压力传感器，用来测量分油机待分油进口的压力，监视供油系统的故障。若供油系统有故障，如滤器堵塞、管路泄漏、油泵损坏等都会引起进分油机入口压力降低，降低到下限值时，EPC-50 控制单元发出低压报警。

分油机净油出口管路上装有 RV_4 调节阀，用它可以手动调节分油机净油出口的背压，这个背压(0～250 kPa)可调。出口管路上还装有气控速闭阀 V_4，用来接通过或截止分油机的净油排油管路。在气控速闭阀 V_4 断电或没有控制空气时，出油阀保持打开状态。

分油机排水管路上装有 PT_5 压力传感器，用来测量泄放水出口的压力，并将这个信号传送到控制单元，以便控制单元监测分油机的排水过程。

速度传感器、振动传感器和分油机盖的联锁开关的安装位置如图 12-3 所示。速度传感器和振动传感器是用来监测分油机运行状态的。

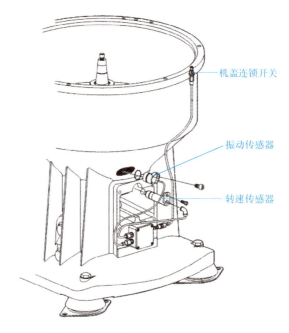

机盖连锁开关

振动传感器

转速传感器

图 12-3　速度传感器、振动传感器和分油机盖的联锁开关的安装位置

在分油机净油出口管路上分别装有一个压力传感器 PT_4 和 MT50 型水分传感器。压力

传感器用来测量和监视分油机净油出口压力，在正常分油期间，分油机的净油出口压力应保持在一定值上，分油机发生跑油等故障现象时，分油机的净油出口压力会降低，如降低到报警值时，则控制单元会发出报警并停止分油机工作。所以，压力传感器 PT_4 是用来监视分油机本身故障的。

速度传感器用来检测分油机的转速。要获得最好的分离效果并保证安全，需要有一个合理的转速。如转速发生下列情况之一，分油机应按一定的模式自动停止，同时发出相应的警报：

(1)转速超过设定的分油机最高转速。

(2)转速低于设定的分油机最低转速。

(3)转速控制系统经常检查速度传感器检测到的脉冲情况，一旦检测异常。

(4)分油机启动时在设定的时间内，转速达不到设定的转速范围。

安装在分离筒的立轴旁径向位置的振动传感器(可选择)，是用来监视立轴的原始位置的，从而可监测分油机任何异常的不平衡状况。振动报警级别设置了两个报警级别，如振动超过第一级别应发出警报，振动超过第二级别，分油机按安全停止模式自动停止，因为大量振动会缩短轴承的预期寿命，所以振动应予以消除后方可启动。

分油机盖的联锁开关(可选择)用来检测分油机盖安装是否正确，并在盖被关闭后给控制系统传送信号，控制系统关闭此联锁回路，这样才能允许启动分油机。

在净油出口管路上装有 MT50 型水分传感器，它能随时检测净油中的含水量，并根据净油中含水量达到触发值所需的时间，由 EPC-50 型装置决定是否打开排渣口还是开启排水电磁阀。因此，MT50 水分传感器是监控系统中重要的部件，其结构原理如图 12-4 所示。

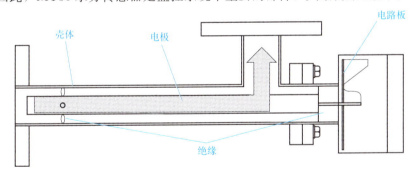

图 12-4　MT50 型水分传感器结构原理

水分传感器是由圆筒形电容器及振荡器组成的。电容器实际上是两个彼此绝缘的同心圆筒，净油全部流过内圆筒。EPC-50 型装置为水分传感器提供直流电源，经水分传感器内部的振荡电路板转换成高频电流使水分传感器形成一个电容。该电容极板送出一个大小与净油中含水量成比例的电容值变化信号，并经有屏蔽的电缆线送至 EPC-50 型装置的水分传感器信号处理电路板。当振荡器产生固定频率及幅值的交流电信号后，流过电容器电流的大小完全取决于电容器的介电常数。纯矿物油的介电常数只有 2～4，而水的介电常数高达 80。因此，净油中含水量增加，由于介电常数的增大使其流过电容器的电流也会增大。

MT50 水分传感器检测精度是比较高的，一般精度可达±0.05％。在水分传感器中有一块检验电路板，它监视振荡器工作是否正常，EPC-50 型装置每 6 s 检测一次这个信号。如果振荡器工作不正常，将会发出报警并停止当时所执行的程序。

2. 输出信号

在控制系统中，EPC-50 型装置输出的信号有控制对分油机操作的各种电磁阀、控制显示分油机系统状态的指示灯及数码显示屏。

电磁阀 SV_{16} 是用于控制进分油机托盘水的，在排渣完成后，电磁阀 SV_{16} 通电 15 s，通过 P_2 管进水将活动排渣底盘外边缘托起，密封排渣口。在正常分油期间，EPC-50 控制单元输出的信号将使电磁阀 SV_{16} 每 5 min 通电一次，工作水柜的水经管 P_2 断续进分油机，保持活动排渣底盘外边缘始终处在托起状态。电磁阀 SV_{15} 是用于控制排渣水的，当需要排渣时，EPC-50 控制单元将使电磁阀 SV_{15} 通电打开 3 s，由管 P_1 向分油机进排渣控制水，活动排渣底盘外边缘下移，打开排渣口。在排渣口密封期间，电磁阀 SV_{15} 保持断电。正常运行期间，出水口的放水气动阀 V_5 是关闭的。随着分油机正常分油的进行，分油机内油水分界面将不断内移。当需要向外排水时，EPC-50 控制单元将使电磁阀 SV_5 通电，使控制空气进入气动截止阀 V_5，将其打开一小会儿，向外排一次水，当水分传感器检测到净油含水量低于 70 时电磁阀 SV_5 断电，截止进入阀 V_5 的控制空气，同时将阀 V_5 动作气缸内的空气从电磁阀 SV_5 泄放掉，使阀 V_5 迅速关闭。

为了保证分油机的分离效果，对待分油必须进行加热。加热器可选用电加热器，也可选用蒸汽加热器，同时要启动温度自动控制系统，当待分油温度在正常范围内，且没有发生使分油机停止工作的故障信号时，EPC-50 控制单元一直输出一个信号使电磁阀 SV_1 通电，控制空气进入阀 V_1 的动作气缸，使三通活塞阀接通在待分油进分油机状态，切断在分油机外面打循环的回路。当分油机发生故障或停止分油机工作时，电磁阀 SV_1 断电，三通活塞阀动作气缸的控制空气从阀 SV_1 放掉，将切断待分油进分油机的通路，使待分油返回沉淀柜。

3. EPC-50 控制单元

EPC-50 控制单元以专用微处理机为控制单元核心部件，控制单元监测分离系统的整个运转过程，起到了监测、控制和警报的功能。现以 SA-836 分油机为例，它编制了 SA-836 分油机系统执行监测和控制功能等全部工作的程序。概括起来，EPC-50 控制单元执行下列任务：

(1)处理来自水分传感器的信号，并控制从分离筒分离出来的水的排泄。来自水分传感器的信号被连续地输送控制单元，而在控制单元里面存储了预先设定好的参考值，控制单元会将水分传感器送来信号和参考值进行比较，如果达到触发值，就会控制分油机排水。

(2)启动分油程序循环。当油泵、分油机和加热器启动后，温度传感器和速度传感器连续地向控制单元输送信号，当达到合适的速度和温度后，启动排渣并排空分离筒，然后

EPC-50 控制单元启动程序循环开始分油。

（3）决定是否加水、何时加水、加水持续时间，从而控制加水量。

（4）发起排渣，即控制单元可以登记补给水的供给时间，控制单元根据信号作用于电磁阀并使其打开供置换水，置换水量的增加会使油向盘心流动。当可用来增加置换水量的时间结束后，分油机开始排渣。然后工作水被送进来，密封分离筒，进条件水和待分油，一个新的循环开始。

（5）监测分离水的增加量。待分油连续进入分油机，当泥渣和水分离出时，油的流动不断，净油从净油出口连续排出。分离出来的泥渣和水积聚在分离筒的四周。

当分离出来的水接近分离叠片时，一些水开始同净油排出。在净油中，水分的少量增加就会立刻被装在净油出口的水分传感器检测到。净油中水的增加不仅是对水而且也是对固体杂质分离效率降低的重要信号。

来自水分传感器的信号连续地传给并被 EPC-50 控制单元判断。它只是测量水分的变化，而不涉及水分的绝对值。它测出的是一个非标准参考值的水分传感器信号的偏差，允许偏差范围是触发范围。

在参考时间内，随着每一个排渣顺序在 EPC-50 控制单元内贮存一个新的参考值。在参考时间内能获得最佳的分离效果，当水分传感器达到它的最大允许偏差时就达到了触发值。当净油中的水分达到触发值时，EPC-50 控制单元将开始排出积聚于分离筒中的水。水通过以下两种方式排出：

1）打开放泄阀 V_5，通过水输出口排出分离筒。

2）通过排渣过程一起排出。

使用哪种方法是由控制单元来决定的。当分离出来的水在从上次排渣到本次排渣之间预先设定的最短时间之内接近分离叠片时，水分传感器会触发 EPC-50 控制单元去开启排水阀，排出分离筒中积聚的水。当分离出的水在最短时间过去之后达到分离叠片时，水分传感器信号触发，EPC-50 开始排渣顺序。那么，聚集的水同泥渣和固体颗粒将一起排出。

如果待分油中的水分极低，则分离出来的水在两次排渣期间预先设定的最长时间之内，将不能达到分离叠片，排渣顺序将因此用 EPC-50 控制单元中的一个定时器控制，以防止分离筒中泥渣过度积累。

所加装的油中一般含有充分的游离水，在排渣之前为了置换油要向分离筒内供置换水，使油损失减少至最少的程度。因此，加水这一操作不仅是在处理无水油时才使用。置换水的体积是分油机首次启动时对水流量自动标定的。

EPC-50 控制单元的程序在分离油进入分离筒前要加入条件水，条件水量一般在叠片边缘与顶叠片边缘之间，条件水的体积是分油机首次启动时对水流量自动标定的。条件水的注入可使分离筒内积存泥渣软化，方便排出。

注入条件水的时间也是分油机首次启动时对水流量自动标定的。

4. EPC-50 分油机的时序控制

EPC-50 分油机的时序控制过程见表 12-1～表 12-6。

分油机时序
控制框图

表12-1 EPC-50分油机时序控制

项目	自动启动					启动								分油				
	Ti 50 60 s	Ti 51 15 s	Ti 52 4 m	Ti 53 15 m	Ti 55 30 m	Ti 56 3 s	Ti 57 15 s	Ti 58 15 s	Ti 59 170 s	Ti 60 5 s	Ti 61 15 s	Ti 62 15 s	Ti 63 Ca-lc	Ti 64 60 s	Ti 65 15 s	Ti 66 10 s	Ti 67 60 s	Ti 68 60 m
油泵电机运转	1)																	
流量稳定	—																	
分油机电机运转			1)															
加热器开温度升高				1)														
加热器最长启动时间				1)														
排渣水，SV15																		
放残水																		
托盘水，SV16																	2)	
水流量标定，SV10																		
条件水，SV10									1)									
供油开，V1																		
关出油口，V4									1)									
测试泄漏																		
参考时间																		
分油																		
排水，V5																	3)	
供油停止																		
置换水，SV10																		
冲洗水，SV10																		
备选排渣泵										11)							10)	

项目	排渣												停止						
	Ti70 15s	Ti71 15s	Ti72 Ca-lc	Ti73 10s	Ti74 3s	Ti75 15s	Ti62 15s	Ti63 Ca-lc	Ti64 60s	Ti65 15s	Ti66 10s	Ti67 60s	Ti81 15s	Ti82 150s	Ti83 10s	Ti85 5m	Ti86 3m	Ti87 60s	Ti89 30m
油泵电机运转													4)	5)	6)	7)			
流量稳定	■	■	■	■	■	■	■	■	■	■	■	■	■	■					
分油机电机运转																			
加热器开温度升高	■	■	■	■	■	■	■	■	■	■	■	■	■						
加热器最长启动时间	■	■	■	■	■	■	■	■	■	■	■	■							
排渣，SV15																			
放残水				■															
托盘水，SV16					■											9)			
水流量标定，SV10						■	■						■			■			
条件水，SV10																			
供油开，V1							■												
关出油口，V4	1)							1)	■				1)						
测试泄漏		■								■				■					
参考时间											■								
分油												■							
排水，V5				■														■	
供油停止	1)			■														■	
置换水，SV10		1)	8)																
冲洗水，SV10		■	■										1)	■					
备选排渣泵				■	■	■	11) 如在Ti62后"停止"跳到 Ti81						■						

1）收到反馈信号后中断　　　5）速度下降后中断　　　9）4 000RPM时脉冲时间1秒

2）每5 min脉动1 s　　　6）泵关闭反馈后中断　　　10）每30 min5 s

3）当需要时激活　　　7）转速到0后1 min内中断　　　11）仅15 s

4）温度下降后中断　　　8）标定时间到后中断

表 12-2　EPC-50 分油机时序控制

参数	出厂设定值	设备设定值	范围	说明
Ti50	60 s		2～300 s	供给油泵开
Ti51	15 s		0～30 s	供给油压力反馈
Ti52	4 min		0～60 min	启动分油机(速度反馈)速度高于最低转速 9 900 r/min(SA-836)监控皮带、联轴节、电机轴承的工况,高度调节和速度传感器的工况
Ti53	15 min		0～60 min	加热器开(温度反馈)温度高于最低温度(Pr17、Pr20)表明加热器工作正常
Ti55	0		0～30 min	等待模式的最大时间。在等待＝0 无等待模式下,系统等待开始程序指令。按下程序启动开关,即开始进入程序。 当 Ti55＝0 时启动程序无延时

表 12-3　EPC-50 分油机时序控制

	时间段	功能	警告
启动	Ti56＝3 sSV$_{15}$	排渣 确保工作系统在分离筒关闭前得到足够的工作水	
	Ti57＝15 s	工作水放残	
	Ti58＝15 sSV$_{16}$	分离筒密封	
	Ti59＝计算 V$_4$,SV$_{10}$	水流量标定 分离筒中充水直到油出口有压力(Fa6＝0.2bar),显示的流量是基于已知分离筒体积和充满水所需的时间计算出来的	"在 Ti59 时无 PT4 的压力反馈"Ti59 最大设定为 170 s。在这一时间内如无压力反应就会发出警报
	Ti60＝5 sSV$_{15}$	排渣 正常启动从这一步开始。原因如下: 1. 确保工作系统在关闭前得到足够的工作水。 2. 在失电后,先放空分离筒再启动	
	Ti61＝15 s	暂停 在这个时间段,工作系统放残	
	Ti62＝15 sSV$_{16}$	分离筒密封	
	Ti63＝计算 SV$_{10}$	充入条件水 基于水流量的标定,EPC 可计算出 Ti63。 所设定的时间,于是正确的条件水体积被加入分离筒中。 当分油机的尺寸选定后分离筒相关的数据就可以使用了。预设的值仅供启动时使用。在计算后,Ti63 的正确值就会自动设定	最多 120 s

表 12-4　EPC-50 分油机时序控制

	时间段	功能	警告
分油	$Ti64=60\ sV_1$，（V_4 自动选择）	油进入分油机	油的背压 PT4－低 如果在 Ti64，在油出口无压力反馈会发出警报
	$Ti65=15\ sV_1$	油出口的水分检验 如在油出口检测到水的痕迹，下次排渣时进置换水的时间将会缩短。在标定启动后，油出口管路充满油系统就将跳到 Ti70 去执行排渣。Ti72 最多设定 90 s 并由排水口压力传感器的反馈来中断	
	$Ti66=10\ sV_4$	分离筒泄漏测试 随着进油关和出油关，如压力下降就表明分离筒泄漏。为获得一个合适的压力范围（1～2 bar）来进行测试，Ti65 和 Ti66 可能重复动作	分离筒漏油 如压力降超过 1 bar 就发出警报
	$Ti67=60\ sV_1$	参考时间 传感器信号稳定的时间，当这段时间过后，EPC 将传感器（MT50）的实际值储存起来，作为油中含水量的参考值	
	$Ti68=60\ min$ $V_1(V_5)$	分油 在此期间水传感器自动监控净油中的水分变化，如触发值超过 100 时，水出口的放水阀（V_5）打开一小会。触发值在几 s 内被重新检查，当触发值低于 70 时放残结束，放残最多开 5 次，5 次后跳到 Ti74	放残－不充满 分油过程中所有的必需功能都被监控。如果放残阀打开超过 5 次并且触发值高于 70 就会发出警报

表 12-5　EPC-50 分油机时序控制

	时间段	功能	警告
排渣	$Ti70=15\ s$	进油关 油出口压力降低	在 Ti70 时油压 PT4 高 如无压力反馈就发出警报
	$Ti71=0\sim15\ s$ V_4，SV_{10}	置换水 油出口压力增加超过 0.5 bar 表明置换水已进入分离筒，时间段中断	在 Ti71 时无 PT4 压力反馈 如无压力反馈就发出警报，最大为 15 s
	$Ti72=0\sim150\ s$ SV_{10}	置换水 为了计算时间，置换水连续进入	最大到计算值
	$Ti73=10\ sV_5$	冲洗水 冲洗水从水向心管排出的过程中，将对向心管和管路上的残留油进行冲洗，排渣泵启动向外排渣	
	$Ti74=3\ sSV_{15}$	排渣	
	$Ti75=15\ s$	排渣反馈和工作系统放残 在"分离筒清洗过"启动后，程序是 Ti58～Ti68，一旦 Ti68 执行后，程序在每次排渣后从 Ti75 跳到 Ti62，如给出停止指令，则跳到 Ti81	排渣反馈－错误 如排渣后分离筒速度不低于分油机正常运转速度减去排渣时应减慢的速度（出厂时设定为 300，可调范围 0～1 200）就发警报
	Ti62～Ti67 重复或 Ti81		

表 12-6　EPC-50 分油机时序控制

	时间段	功能	警告
停止	Ti81＝15 sSV$_{16}$	分离筒密封	
	Ti82＝150 sV$_4$，SV$_{10}$加热器关	冲洗水进入分离筒 当分离筒充满80％水时，或当油出口压力增加超过 0.2 bar 时，时间段中断在执行停止程序时保持分离筒充满水	最大 300 s
	Ti83＝10 sV$_5$	冲洗水从排水口排出的同时，对向心管和管路上残留的油进行冲洗	
	Ti85＝5 min 分油机电机停	等待进油温度下降 当温度降低到低温设定值以下时，时间段中断	温度－不下降警报 在 Ti85 时间内，如温度不下降
	Ti86＝3 min	等待转速下降 加热器冷却时间	分离筒速度－高××× ×警报 在该时间段内如转速不下降
	Ti87＝60 s 供给油泵关	泵关闭反馈后时间段中断	
	Ti89＝30 min	等待速度降为 0 EPC 等待速度为 0。当分油机转速为 0 时，时间段中断。EPC-50 显示为"standst"	最长 30 min

5. 参数设定及调整

根据不同的分离系统和系统不同的工作条件，在分油机面板上可对参数进行设定及调整。参数有三种类型，即安装参数、出厂参数和过程参数。各参数通常在安装时就被设置完成。过程参数也可在运行时根据具体使用情况进行重新设定。详细参数请见分油机系统手册参数表。EPC-50 控制单元操作面板如图 12-5 所示。

若要改变分油参数值，操作方法如下：

(1)按 ENTER 键显示"Time to discharge P160"，"P1"是参数，"60"是设定值。在显示窗口左边"1"表示参数"P1"闪烁。

(2)通过按"＋"键在显示窗口找到想要的参数号。此时选定的参数号闪烁。

(3)按 ENTER 键在显示屏左边显示已经选择的参数号，在显示屏右边闪烁显示参数值。

(4)按"＋"和"－"键改变参数值。

(5)按 ENTER 键，新的数值被储存。左边参数号闪烁。

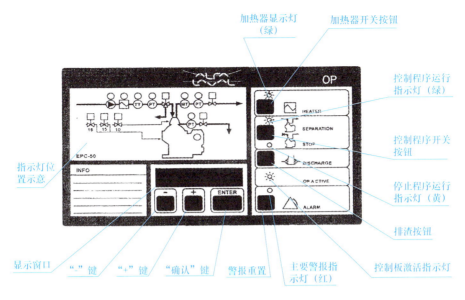

图 12-5　EPC-50 控制单元操作面板

（6）按"＋"键和"－"键寻找下一个需要调整的参数。

（7）离开菜单，同时按"＋"键和"－"键，显示屏显示"Stand st."或者在运行中，触发值在左边，排渣剩余时间在右边。

若要打开菜单选择列表，操作方法如下：

（1）按 ENTER 键，分油参数列表被打开。

（2）按"＋"键，直到"End"出现。

（3）同时按 ENTER 键和"＋"键，"Install"在屏上闪烁显示。

（4）按"＋"键选择列表。

（5）按 ENTER 键进入选择的列表。

（6）离开列表，同时按"＋"和"－"键。

（7）离开菜单，重复按"＋"键直到"Exit"出现，再按 ENTER 键。

学习笔记：

_____

_____

_____

_____

_____

_____

_____

活动 3 操作管理分油机实训

任务工单见表 12-7。

表 12-7 任务工单

学习领域	船舶动力设备自动控制				
任务名称	操作管理分油机	学时	2	班级	
学生姓名		学号		组别	任务成绩
任务描述	接受操作管理分油机任务工单，查阅相关资料，了解分油机的工作原理、分油机自动与手动控制过程，根据工况调试分油机设定参数				
场地、设备	轮机模拟实训室、分油机及其控制系统				
资讯	1. 简述分油机工作过程： 2. 简述分油机自动控制系统 EPC-50 组成： 3. 简述分油机 EPC-50 系统完成的任务： 4. 简述 EPC-50 系统参数调节过程：				
计划 与 决策	请根据任务要求，确定所需要的知识、设备、工具，并对小组成员进行合理分工，制订完成操作管理分油机任务的详细方案。 1. 写出实施方案： 2. 小组人员分工： 3. 所需要的知识、设备、工具：				

	操作管理分油机
实施	步骤一：实训前准备工作 　1.技术准备： 　2.工具准备： 　3.对象准备： 步骤二：启动分油机，自动控制分油机的运行 步骤三：手动控制分油机的运行

遇到的问题	解决的问题
1.	
2.	
3.	
4.	
5.	

检查	学生自查： 指导教师检查：

任务工单完成情况评价见表 12-8。

表 12-8　任务工单完成情况评价

评价	自我评价						评分(满分 10 分)
	组内互评	学号	姓名	评分(满分 10 分)	学号	姓名	评分(满分 10 分)
	注意：最高分与最低分相差最少 3 分，同分人最多 3 个，某一成员分数不得超平均分±3 分。						
	小组互评						评分(满分 10 分)
	教师评价						评分(满分 10 分)
签字	任务完成人签字：　　　　　　日期：　　年　　月　　日						
	指导教师签字：　　　　　　日期：　　年　　月　　日						

任务 13　空气反冲式自清洗滤器自动控制

任务要求

1. 知识要求

(1)掌握空气反冲式自清洗滤器结构；

(2)理解空气反冲式自清洗滤器工作过程；

(3)了解控制电路中常用控制电器。

2. 能力要求

(1)能够掌握空气反冲式自清洗滤器的结构原理图；

(2)能够理解空气反冲式自清洗滤器工作电路图；

(3)能够进行电动机接线。

3. 素质要求

(1)养成善于动脑、勤于思考、及时发现问题的学习习惯；

(2)提高理论联系实际的能力，培养分析和解决问题的能力；

(3)培养理性思维能力和科学求实精神；

(4)培养学习新技术的能力，增强创新意识。

任务描述

自清洗滤器是滑油系统的重要设备之一，它利用滤网直接拦截油中的杂质，去除悬浮物、颗粒物，降低浊度，净化油质，减少系统污垢、菌藻、锈蚀等，以净化油质及保护系统其他设备正常工作的精密设备，油由进油口进入自清洗过滤器机体，因为自动化设计，系统可自动识别杂质沉积程度，给排污阀信号自动排污。

任务实施

活动 1　叙述空气反冲式自清洗滤器工作过程

BOLL 6.04 型空气反冲式自清洗滤器结构原理如图 13-1 所示。该滤器由四个滤筒 1、一个旋转本体 5 及驱动电机 2 等部分组成，滤筒中装有滤网等滤清元件。在清洗时，由电机驱动旋转本体依次对准每个滤筒。在同一时间内只能有一个滤筒处于清洗状态，其他三只滤筒进行正常的过滤工作。被清洗的滤筒由旋转本体切断进油通路。此时电磁阀 S_1 通电，控制活塞 9 上部空间通大气，下部空间通气源 P_0 经减压阀 4 传送的压缩空气，抬起控制活塞，打开控制阀 8 和排污阀 7。压缩空气进入冲洗滤筒，并从滤筒内向滤筒外冲洗，这与油的流动路线(从滤筒外向滤筒内)正好相反，故称为空气反冲式自清洗滤器。被冲洗出的污物经打开的排污阀 7 从排污口排出。大约冲洗 1 min，清洗电磁阀 S_1 断电下位通，气源 P_0 经减压阀 3 送至控制活塞 9 的上部空间。由于活塞上面的受压面积大于下面的受压面积，使活塞向下的作用力大于向上的作用力，故将控制活塞 9 压下，关闭控制阀和排污阀，停止对该滤筒的清洗，然后启动电机 2 带动旋转本体 5 转动并对准下一个滤筒进行清洗。每当滤器进出口压差高于某值(如 0.09 MPa)时开始清洗，当滤器进、出口差压低于某值(如 0.03 MPa)时，停止清洗。

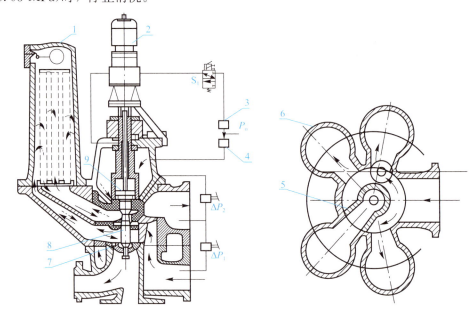

图 13-1 BOLL6.04 型空气反冲式自清洗滤器结构原理

1—滤筒；2—电机；3、4—减压阀；5—旋转本体；6—滤筒；7—排污阀；8—控制阀；

9—控制活塞；S_1—清洗电磁阀；ΔP_1—进出口压差开关；ΔP_2—压力开关

学习笔记：

活动 2　认知常用控制电器

船舶中各种常用控制电器主要包括主令电器、熔断器、接触器、继电器。

1. 主令电器

主令电器是切换控制线路的单极或多极电器，其触头容量小，不能切换主电路。主令电器主要包括按钮、万能转换开关、行程开关、主令控制器等（图 13-2）。

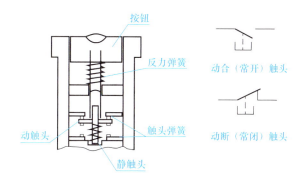

图 13-2　按钮外形和电路符号

2. 熔断器

当电流超过限定值时借熔体熔化来分断电路的一种用于过载和短路保护的电器。在电机控制电路中主要起短路保护作用，如图 13-3 所示。

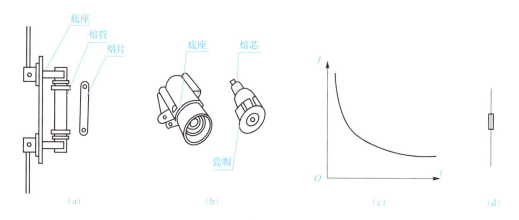

图 13-3　熔断器外形和电路符号

3. 接触器

接触器是利用电磁吸力原理，用于频繁地接通和切断大电流电路（即主电路）的开关电器，如图 13-4、图 13-5 所示。

图 13-4　接触器外形

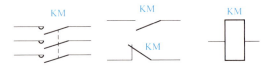

图 13-5　接触器电路符号

4. 继电器

继电器是根据电量(如电流、电压)或非电量(如时间、温度、压力、转速等)的变化而通断控制线路的电器,常用于信号传递和多个电路的扩展控制。

(1)时间继电器外形和电路符号如图 13-6 所示。

动作类型		通电式	断电式
瞬时动作	常闭触点		
	常开触点		
延时动作	常开通电延时闭合		常闭断电延时闭合
	常闭通电延时断开		常开断电延时断开

图 13-6　时间继电器外形和电路符号

(2)热继电器外形和电路符号如图 13-7 所示。热继电器是利用电流的热效应原理工作的电器。

图 13-7　热继电器外形和电路符号

5. 电机接线(图 13-8)

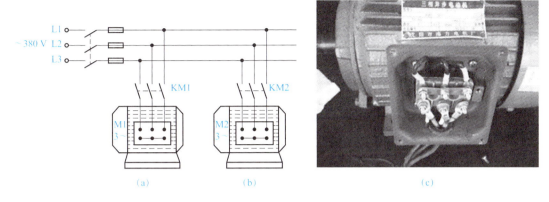

图 13-8　电机接线

(a)星形接法；(b)三角形接法；(c)外形圆

活动3 识读空气反冲式自清洗滤器控制电路图

BOLL 6.04 型空气反冲式自清洗滤器的自动控制电路如图 13-9 所示。合上电源主开关 S，因延时继电器 RT 还没有动作，其触头 RT(1−2)/7 断开、RT(1−3)/6 闭合，冲洗电磁阀 S1 通电上路通，控制活塞 9 上部空间通大气，控制活塞下面的 0.3～0.4 MPa 的压缩空气把控制活塞抬起，打开控制阀 8 和排污阀 7，对一个滤筒进行清洗。冲洗 1 min 左右时间，继电器 RT 已达到延时时间，其触头 RT(1−3)/6 断开、RT(1−2)/7 闭合。电磁阀 S1 断电下位通，控制活塞 9 上部空间通气源经减压阀 3 输出的气压信号，将控制活塞压下，关闭控制阀 8 和排污阀 7，停止清洗。当滤器进出口压差 $\Delta P1$ 大于某值时，其压力开关 $\Delta P1/3$ 闭合，因为 $\Delta P2/3$ 是常闭的，所以接触器 C1/3 通电动作，触头 C1 闭合，电机 M 转动，触头 C1/6 断开，在电机转动时，电磁阀 S1 不能通电。电机 M 在转动时，凸轮开关 CS/5 闭合，继电器 R1/5 通电动作，其触头 R1/4 闭合使接触器 C1 不会因触头 RT(1−2)/7 断开而断电，即保持电机继续转动。继电器 R1 触头 R1/9 断开，时间继电器 RT 断电，其触头 RT(1−2)/7 立即断开、RT(1−3)/6 闭合，为冲洗做准备。当电机驱动旋转本体转到对准下一个滤筒时，凸轮开关 CS/5 断开、继电器 R1/5 断电，其触头 R1/4 断开、接触器 C1/3 断电，触头 C1 断开切断电机 M 电源而停止转动，接触器 C1 触头 C1/6 闭合。此时虽因继电器 R1/5 断电，其触头 R1/9 闭合，时间继电器 RT 通电，但它需延时 1 min 左右其触头才能动作，故 RT(1−3)/6 继续保持闭合。所以电磁阀 S1 通电，对滤筒进行清洗。当清洗 1 min 左右时，达到时间继电器 RT 的延时时间，其触头 RT(1−3)/6 从闭合状态断开，RT(1−2)/7 闭合，电磁阀 S1 断电停止清洗，接触器 C1 通电，再次启动电机 M 驱动旋转本体对准下一个滤筒进行冲洗。以后就重复上述动作，直到滤器进出口压差 $\Delta P1$ 小于某一个值时，其压力开关 $\Delta P1/3$ 断开。接触器 C1 断电，电机 M 断电停转，C1/6 闭合，为下次冲洗做准备。因电机 M 不转，开关 CS/5 是断开的，继电器 R1/5 断电，触头 R1/4 断开，而 R1/9 是闭合的，时间继电器 RT 通电，其触状态是 RT(1−3)/6 断开、RT(1−2)/7 闭合。待滤器进出口压差 $\Delta P1$ 再增大到某个值时，电机 M 先转动，带动旋转本体对准下一个滤筒后再进行冲洗。

如果清洗后无效果，说明滤器有故障，当滤器进出口压差大于 0.12 MPa 时，报警触头 $\Delta P3$ 闭合，发报警信号。$\Delta P2$ 是冲洗状态指示压力开关。在冲洗时，因冲洗腔室内压力高，使压力开关 $\Delta P2/8$ 闭合，冲洗指示灯 L3 亮，而触头 $\Delta P2/3$ 是断开的，当达到冲洗时间时，电磁阀 S1 断电，冲洗腔室内压力降低，$\Delta P2/8$ 断开，冲洗指示灯灭，表示某个滤筒冲洗完毕，同时，$\Delta P2/3$ 闭合，为接触器 C1 通电做准备。图 13-9 中 PB 是手动冲洗按钮开关，用于手动清洗。h 为计时器，e 为热保护继电器，L2 是故障指示灯。

自清洗滤器的操作：鼠标左键单击 No.1/No.2 主机滑油自动清洗滤器，弹出主机滑油自清洗滤器操作面板对话框，如图 13-10(a) 所示。鼠标右键（同时按住 Ctrl）单击控制箱门按钮，

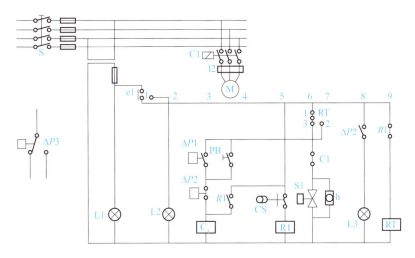

图 13-9　BOLL6.04 型空气反冲式自清洗滤器自动控制电路

则打开箱门[门开如图 13-10(b)所示]；反之则关闭箱门。单击"OK"按钮则退出该显示界面。

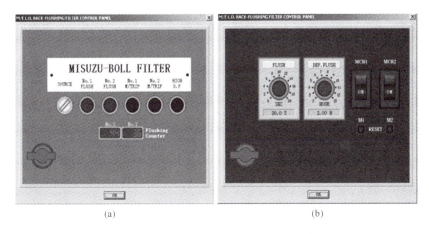

(a)　　　　　　　　　　　　　　(b)

图 13-10　主机滑油自清洗滤品操作面板

(a)滑油自清洗滤器操作面板(门关)；(b)滑油自清洗滤器操作面板(门开)

(1)门关：左 1 为电源开关(带指示)，单击鼠标左键则电源开，再次单击则电源关。

左 2/3 分别为 No.1/No.2 滑油自动清洗滤器手动清洗按钮，单击鼠标左键则开始清洗；出现报警时(电机过载、滤器差压高等)，鼠标左键单击任一按钮确认报警。

右 1 滑油自清洗滤器差压高和高频清洗(滤器较脏，清洗过频)报警指示。

右 2/3 分别为 No.2/No.1 滑油自清洗滤器电机过载报警指示。

显示器为 No.1/No.2 清洗次数计数显示；自动清洗/手动清洗均自动加一。

(2)门开：按钮左为清洗持续时间。按钮右为清洗间隔时间。操作同上。

开关左为 No.1 滑油自清洗滤器电机自动开关。

开关右为 No.2 滑油自清洗滤器电机自动开关。

按钮左为 No.1 滑油自清洗滤器电机热继电器复位按钮(电机过载时抬起)；单击鼠标左

键即可复位。

按钮左为 No.1 滑油自清洗滤器电机热继电器复位按钮，操作同上。

鼠标右键单击 No.1(No.2)主机滑油自清洗滤器，弹出 No.1(No.2)主机滑油自动清洗滤器压力显示对话框，如图 13-11 所示。单击"OK"按钮则退出该显示界面。

鼠标右键单击属性页按钮可在差压显示和清洗差压设定页面切换。

在清洗差压设定页面：按钮左为设定自动清洗差压(开始)；按钮右为设定高差压报警值；按住鼠标左键上下拖动则可增大(向上拖动)或减小(向下拖动)差压设定值，若同时按住 Shift 键，则可加大增量步长。

按钮为手动清洗自动滤器(该按钮在教练员站可设置允许/禁止)。清洗前，关闭控制箱电源，关闭放残阀气源，关闭相应的进出阀门；清洗后，打开相应的阀门，打开控制箱电源。

自清洗滤器差压设定完成后，观察运行过程中其压力变化情况。

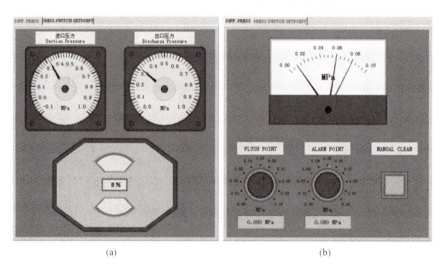

(a) (b)

图 13-11 主机滑油自动清洗滤器显示界面

(a)No.1 自清洗滤器差压显示；(b)No.1 自清洗滤器清洗差压设定

学习笔记：

_____

_____

_____

_____

_____

_____

_____

活动 4 自清洗滤器操作实训

任务工单见表 13-1。

表 13-1 任务工单

学习领域	船舶动力设备自动控制					
任务名称	自清洗滤器操作		学时	4	班级	
学生姓名		学号		组别	任务成绩	
任务描述	接受自清洗滤器实训工单，查阅资料，了解轮机模拟器功能，熟悉轮机模拟器自清洗滤器软件和操作界面，操作软件进行参数调节、手动冲洗、报警处理					
场地、设备	轮机模拟器实训室、轮机模拟器					
资讯	1. 自清洗滤器结构功能描述： 2. 自清洗滤器控制电路中控制电器结构功能描述： 3. 自清洗滤器控制电路功能描述： 4. 异步电动机接线描述： 5. 自清洗滤器操作描述：					
计划与决策	请根据任务要求，确定所需要的知识、设备、工具，并对小组成员进行合理分工，制订完成自清洗滤器操作任务的详细方案。 1. 写出实施方案： 2. 小组人员分工： 3. 所需要的知识、设备、工具：					

	自清洗滤器操作
实施	步骤一：调试前准备工作 1. 技术准备： 2. 工具准备： 3. 对象准备： 步骤二：操作自清洗滤器参数调节、手动冲洗、报警处理

遇到的问题	解决的问题
1.	
2.	
3.	
4.	
5.	

检查	学生自查： 指导教师检查：

任务工单完成情况评价见表 13-2。

表 13-2　任务工单完成情况评价

评价	自我评价						评分(满分 10 分)
	组内互评	学号	姓名	评分(满分 10 分)	学号	姓名	评分(满分 10 分)
	注意：最高分与最低分相差最少 3 分，同分人最多 3 个，某一成员分数不得超平均分±3 分。						
	小组互评						评分(满分 10 分)
	教师评价						评分(满分 10 分)
签字	任务完成人签字：　　　　　　　日期：　　年　　月　　日						
	指导教师签字：　　　　　　　日期：　　年　　月　　日						

学习笔记：

_____

_____

_____

_____

_____

_____

任务 14　船舶辅助锅炉自动控制

任务要求

1. 知识要求

(1)船舶辅助锅炉的水位电极双位控制原理；

(2)船舶辅助锅炉的蒸汽压力控制原理；

(3)船舶辅助锅炉燃烧时序控制系统的功能及常用元部件；

(4)船舶辅助锅炉的各种安全保护功能。

2. 能力要求

(1)能够叙述船舶辅助锅炉的水位电极双位控制原理；

(2)能够叙述船舶辅助锅炉的蒸汽压力控制原理；

(3)能够按照船舶辅助锅炉燃烧时序控制系统的要求启动、运行和停止辅助锅炉。

3. 素质要求

(1)养成善于动脑、勤于思考、及时发现问题的学习习惯；

(2)提高理论联系实际的能力，培养分析和解决反馈控制系统实际问题的能力；

(3)培养理性思维能力和科学求实精神；

(4)培养学习新技术的能力，增强创新意识。

任务描述

内燃动力装置中所使用的锅炉称为辅助锅炉。辅助锅炉所产生的蒸汽主要用于加热燃油、滑油和满足船员生活需要。它的蒸发量小，蒸发压力低，对水位和气压要求不严格，一般采用双位比例控制。这类锅炉由于结构简单，操作管理方便，因而最容易实现全自动，不需要专人管理。我国在这类辅助锅炉的全自动上已有较成熟的经验，应用较广泛。

任务实施

在柴油机动力装置的货船上，加热燃油、滑油、水及供生活等所需要的蒸汽，都来自小型辅助锅炉。辅助锅炉具有蒸发量小（一般小于 5 t/h），气压低（一般低于 1 MPa），对蒸汽品质要求不高等特点，所以容易实现自动化。其包括水位和蒸汽压力自动控制、燃烧的时序控制及安全保护等。控制系统要求工作可靠，维修简单；造价低，便于管理。船舶辅助锅炉如图 14-1 所示。

图 14-1　船舶辅助锅炉

活动 1 叙述船舶辅助锅炉水位自动控制过程

辅助锅炉水位自动控制的任务是保证锅炉的给水量适应锅炉蒸发量的变化，使水位的波动不超过一定的范围。辅助锅炉水位允许变化范围为 60～120 mm，一般采用双位控制即可满足要求。

1. 电极式水位控制系统组成

电极式水位控制系统组成如图 14-2 所示。

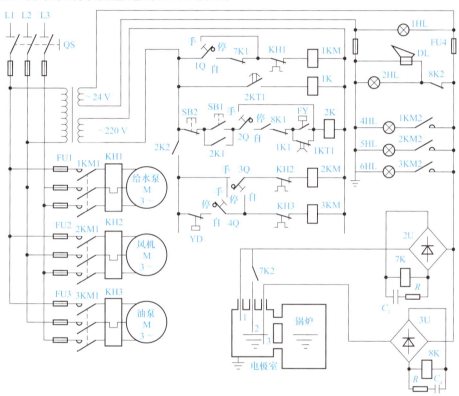

图 14-2   电极式水位控制系统组成

锅炉外面电极室中的水位与锅炉水位一致，电极室内插入三根电极 1、2、3 分别检测锅炉高水位、低水位和危险低水位。2U、3U 是由四只二极管组成的桥式整流电路。由于炉水有一定盐分可以导电，所以当炉水与电极接触时，24 V 交流电源经二极管桥式整流电路电极、炉水及电极室壳体接地，构成交流通路。继电器 7K 和 8K 连接在整流电路的输出端，经阻容滤波以获得比较平稳的直流电压。辅助锅炉电极室如图 14-3 所示。

2. 电极式水位控制系统基本工作原理

当锅炉水位处在高水位时，电极 1 与炉水接触，整流电路

图 14-3   辅助锅炉电极室

2U 构成交流通路。继电器 7K 通电，常开触头 7K2 闭合，常闭触头 7K1 断开，交流接触器 1KM 断电，其常开触头 1KM1 断开，给水泵电机断电，停止向锅炉供水。随着锅炉不断供气，水位会不断降低。当炉水脱离电极时，由于 7K2 常开触头已经闭合，整流电路 2U 会经电极 2 构成交流通路，继电器 7K 维持通电，给水泵电机继续断电停止向锅炉供水。当水位下降到电极 2 脱离水面时，切断整流电路 2U 的交流通路，继电器 7K 断电。常开触头 7K2 断开，常闭触头 7K1 闭合，交流接触器 1KM 通电，启动给水泵电机向锅炉供水，水位会不断上升。这时，虽然炉水已与电极 2 接触；但因继电器 7K 的常开触头 7K2 已经断开，保持继电器 7K 断电，给水泵继续向锅炉供水，直到水位达到高水位时，继电器 7K 通电，常闭触头 7K1 断开才能停止向锅炉供水。

如果给水泵出故障不能向锅炉供水，则水位会降低到危险低水位以下使电极 3 脱离水面，整流电路 3U 交流通路被切断，继电器 8K 断电，常闭触头 8K2 闭合发出声光报警，其常开触头 8K1 断开，继电器 2K 断电，常开触头 2K2 断开，交流接触器 2KM、3KM 均断电，停止油泵和风机，自动停炉以保护锅炉不会因水位太低而烧毁。

活动2 叙述船舶辅助锅炉蒸汽压力自动控制过程

1. 双位式调节规律的概念

双位式调节器的输出只有两个状态，它不能使被控量稳定在某一个值上而只能保持在一个范围之内（上限和下限之间）。当被控量下降到下限值时，调节器的输出接通电源使电动机转动或令电磁阀通电使阀门全开；当被控量上升到上限值时，调节器动作使电动机停转或令电磁阀断电使阀门全关；当被控量在上、下限之间变化时，调节器输出状态不变。

2. YWK-50-C式压力开关

压力调节器也称为压力控制开关，YWK-50-C（原型号为 YT-1226）式压力开关原理如图 14-4 所示。该调节开关根据力矩平衡原理工作，在比较杠杆 9 上，对支点 8 作用有三个力矩并相互平衡。这三个力矩分别是由测量波纹管 11 产生的测量力矩、由给定弹簧 16 产生的给定力矩、由幅差弹簧 13 产生的幅差力矩。当输入信号 P_λ 达到下限值时，杠杆在三个力矩的作用下处于水平位置。此时动触点 2 离开静触点 1 而紧压在静触点 3 上，作用螺钉 15 离开幅差弹簧盘一段距离，幅差弹簧 13 对比较杠杆 9 不起作用。当输入信号 P_λ 增加时，比较杠杆 9 绕支点 8 逆时针转动，通过拨臂 7 使舌

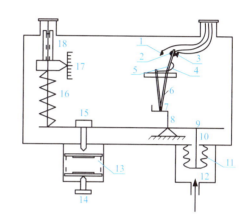

图 14-4　YWK-50-C式压力开关原理

1、3—静触点；2—动触点；4—跳簧；

5—舌簧片；6—跳簧支点；7—拨臂；8—支点；

9—比较杠杆；10—顶杆；11—波纹管；12—测量室；

13—幅差弹簧；14—幅差调整旋钮；15—作用螺钉；

16—给定弹簧；17—给定值指示器；18—给定值调整螺钉

簧片 5 的下边框左移，跳簧 4 被压缩，储存弹性能。同时，作用螺钉 15 逐渐与幅差弹簧盘接触，比较杠杆 9 再转动时，不仅要克服给定力矩，还要克服幅差力矩。当比较杠杆 9 转过 α 角时，输入信号 P_λ 达到上限值，舌簧片 5 的下边框正好与跳簧 4 在同一平面，跳簧 4 有了释放所储存弹性能的机会，故迅速把舌簧片 5 弹开，使动触点 2 离开静触点 3 而紧压在静触点 1 上。当 P_λ 降低时，比较杠杆 9 绕支点 8 顺时针转动，只有比较杠杆 9 转到水平位置时，舌簧片 5 下边框顺时针转过 α 角时，使舌簧片 5 与跳簧 4 处于同一平面，跳簧 4 再次把舌簧片 5 弹开，使动触点 2 离开静触点 1 而紧压在静触点 3 上，杠杆回到水平位置。当输入信号 P_λ 在上、下限之间变化时，跳簧保持原状态不变，也就是调节器输出状态不变。辅锅助炉上的压力开关如图 14-5 所示。

给定值调整螺钉 18 可以调整给定弹簧 16 的预紧力，也就是可以调整触点动作的压力下限值 P_L，其大小可由给定值指示器 17 指示。幅差调整旋钮 14 可调整幅差弹簧的预紧

图 14-5　辅助锅炉上的压力开关

力，也就是可以调整触点动作的压力上限值 P_H。$\Delta P = P_H - P_L$ 称为幅差。幅差调整旋钮 14 有一个红色标记，在它旁边的圆柱面上有 0～10 挡刻度，红色标记对准 0 挡时，$\Delta P = 0.07$ MPa；红色标记对准 10 挡时，$\Delta P = 0.25$ MPa。红色标记对准其他不同挡时，其 ΔP 的计算公式为

$$\Delta P = P_H - P_L = 0.07 + (0.25 - 0.07)\frac{x}{10}$$

其中 x 表示红色标记对准的挡数，压力单位都是 MPa。这样，在压力的上限值、下限值及所对应的挡数 x 三个变量中，已知其中任意两个变量，就可以计算出第三个变量。

3. 辅助锅炉燃烧双位自动控制

辅助锅炉燃烧自动控制的任务是维持锅炉内蒸汽压力恒定或在一个允许的范围内变动。辅助锅炉燃烧自动控制中，蒸汽压力是被控量，通过改变向炉膛的喷油量和送风量，即通过改变炉膛的燃烧强度来调节辅助锅炉的蒸汽压力。

在辅助锅炉燃烧双位自动控制系统中，用压力继电器来感受蒸汽压力的高低、控制炉膛内的燃烧，如图 14-6 所示。

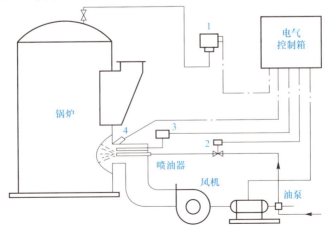

图 14-6　双位式锅炉气压控制燃烧系统简图

1—压力继电器；2—电磁阀；3—点火变压器；4—火焰感受器

两个压力继电器整定的动作值不同。例如，第一个压力继电器在蒸汽压力达到上限值（如 0.65 MPa）时动作，其触头断开；在达到下限值（如 0.45 MPa）时闭合；第二个压力继电器整定的动作压力值在蒸汽压力上、下限之间某个值（如 0.55 MPa），其触头断开。当气压下降到下限值（如 0.45 MPa）时，其触头闭合。两个压力继电器分别控制两个油头的燃油电磁阀。当锅炉蒸汽压力处在下限值和中间值之间（如 0.45～0.55 MPa）时，风门开得最大，两个燃油电磁阀都打开，两个油头同时喷油燃烧，燃烧强度最大，气压上升较快时，常称为"高火燃烧"；当气压处在上限值和中间值之间（如 0.55～0.65 MPa）时，由于第二个压力继电器触头断开，切除第二个油头的工作。此时，风门关得最小，只有一个油头喷油燃烧，常称为"低火燃烧"。气压的高低视锅炉的负荷而定，在锅炉高负荷运行时，锅炉将进行"高火燃烧"；在低负荷运行时，锅炉将进行"低火燃烧"。在"低火燃烧"时，如果气压仍然不断升高，且达到上限值时，由于两个压力继电器触头都断开，两个燃油电磁阀即会同时断电停止供油，自动停炉。当气压下降到下限值时，再自动启动锅炉。这种控制方式避免了锅炉启停频繁的缺点，结构比较简单，因此应用较为广泛。但是，锅炉在运行时气压也是波动的，不能稳定在某个值上。

学习笔记：

活动3　叙述船舶辅助锅炉燃烧时序控制过程

（1）锅炉的燃烧时序控制就是当需要启动锅炉时，控制系统接收到启动信号时，将会按相应的时间顺序对锅炉进行预扫风、预点火、喷油点火，点火成功之后进行预热，然后转入正常燃烧，同时，还对锅炉的运行过程进行一系列的安全保护。

《钢质海船入级与建造规范》（2020）对船舶锅炉的时序自动控制有以下要求：

1）点火之前应保持最大风门进行预扫风，扫风时间应足以保证炉膛4次换气要求。

2）点火应该在预扫风后进行，喷油器进油阀应该在点火电极打出火花之后打开，使喷油器往炉膛喷油，如点不着火，点火装置和喷油器进油阀应能自动关闭，进油阀从开启到关闭的时间不得大于15 s。

3）应设有火焰感受器，当故障熄火时能自动关闭喷油器的进油阀，关闭时间应不迟于熄火后6 s。

（2）船舶辅助锅炉燃烧时序控制框图如图14-7所示。

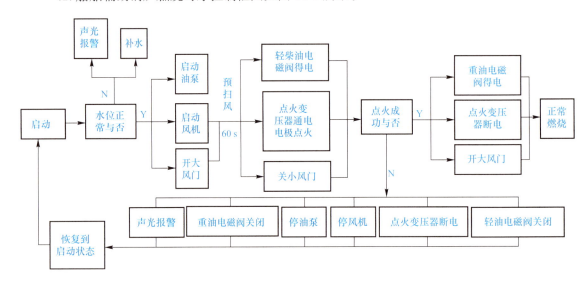

图14-7　船舶辅助锅炉燃烧时序控制框图

当电源总开关合闸后，控制电路电源被接通，控制系统自动检测炉内水位，若低于危险水位，则锅炉不能自动启动并发出报警；若水位正常则风机启动，此时的风门将开到最大，以大风量对炉膛内预扫风，扫走炉膛内的油气以防止点火时发生"冷爆"。在风机运转的同时，轻油泵和重油泵均启动，但是此时轻油电磁阀和重油电磁阀都处于关闭状态。预扫风的时间由锅炉的结构形式而定，一般是20～60 s。

预扫风结束之后进行预点火，为了保证点火的成功，系统自动关闭小风门。在轻油电磁阀关闭的情况下让点火变压器通电，点火电极打出火花进行预点火，时间大约为3 s。3 s后打开轻油电磁阀进行喷油和点火。点火后6 s内，如果火焰探测器没有检测到火焰信号则表明点火失败，会自动停炉；如果点火成功，则打开重油电磁阀，开始重油燃烧，同时关闭点火轻油电磁阀，点火油头和点火变压器停止工作。

（3）为了使锅炉的燃烧时序控制得到实现，还应使用一些其他必要的元件。

1）信号发送器。信号发送器主要用来发送各种控制信号。其包括手动信号发送器和自动信号发送器。前者常指按钮和选择开关；后者采用各种自动继电器（俗称开关），如压力继电器、温度继电器、液位继电器等。用它们来进行接通或断开控制电路，以完成程序控制的启动和停止。

2）时序控制器。时序控制器是辅助锅炉燃烧时序控制的核心部分。其根据启动信号发送器送来的电信号接通或切断电路，或根据规定的时间来接通或断开电路，用以实现预扫风、预点火、点火及转入正常燃烧等一系列的时序动作。目前，时序控制器主要包括触点控制器、无触点控制器、可编程序控制器和微型计算机控制器等。

在有触点时序控制器中，船舶用得较多主要有多回路时间继电器和凸轮式时间继电器两种，它们的工作原理类似。图 14-8 所示为多回路时间继电器结构简图。

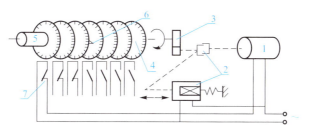

图 14-8　多回路时间继电器结构简图

1—微型同步电机；2—电磁线圈离合器；3—减速器；

4—标度盘；5—复位弹簧；6—爪形块；7—电触点

多回路时间继电器实际上是一种程序控制装置，根据预先整定的延时和时间间隔，对外电路进行控制和操作。根据燃烧时序中的各个延时和时间间隔对多回路时间继电器进行整定，当达到不同的时刻对应的触点闭合或断开时完成所对应的动作。

无触点时序控制器是利用晶体管的开关特性，使晶体管工作在饱和或截止状态，从而控制继电器的通断。延时作用是根据电容的充放电原理组成的 RC 延时环节来实现的。其工作原理如图 14-9 所示。

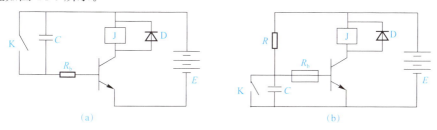

图 14-9　晶体管延时开关电路

（a）单管延时释放电路；（b）继电器延时通电电路

图 14-9(a)所示为单管延时释放电路。闭合开关 K 便使电容被旁路，晶体管立即导通，继电器 J 得电动作。断开开关 K，电源 E 给电容充电，在一段时间内晶体管基极的电流较大，晶体管保持导通，使继电器保持通电。随着电容 C 两极板电压的不断升高，其充电电流不断降低，最终导致晶体管截止，从而实现了继电器 J 延时断电释放。

图 14-9(b)所示为继电器延时通电电路。在开关 K 闭合时，电容 C 被旁路，晶体管截止。开关 K 断开时，电容被电源充电，起初的充电电流比较大，晶体管的基极电流非常小近似为零。当电容 C 两极板电压的不断升高，则流经 R_b 到晶体管基极的电流不断增大，从而实现晶体管延时导通，J 延时通电导通。

辅助锅炉电控箱中的延时继电器如图 14-10 所示。

图 14-10　辅助锅炉电控箱中的延时继电器

3)点火变压器及点火电极。船用自动点火装置大部分都是通过点火变压器将 380 V 的交流电压升高到 8 000 V 或 10 000 V，然后在点火电极两端利用高压电尖端放电，产生火花点火。点火电极通常是两根 2 mm 的镍铬合金丝，用耐高压的瓷套管绝缘固定在喷油器上，如图 14-11 所示。

4)火焰传感器。火焰传感器用于监测炉膛内有无火焰，以便在锅炉点火失败或正常燃烧突然熄火时报警和执行停炉保护程序。辅助锅炉中常用的火焰传感器主要有光敏电阻、光电池和紫外线检测管。

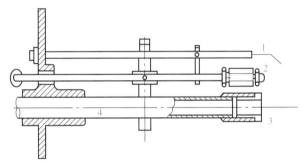

图 14-11　点火装置示意
1—点火电极；2—点火喷油嘴；3—主喷油嘴

①光敏电阻。光敏电阻由涂在透明板上的光敏层和金属电极引出线构成。其主要特点是，当遇到光照时其电阻值非常小，无光照时电阻值却很大，两者之间的比值通常为 $10^2 \sim 10^5$。在光敏电阻两端所加电压不变的情况下，由于光敏电阻接受到来自炉膛的火焰光照时其电阻比没有接收到光照时的电阻小得多，所以其流过光敏电阻的电流值相差很大。光敏电阻火焰监视电路原理如图 14-12 所示。光敏电阻不耐高温，一般在光敏电阻前装有磨砂玻璃，既阻挡红外线，同时又便于利用空气对光敏电阻进行冷却。图 14-13 所示为光敏电阻火焰传感器示意。

光敏电阻容易受到高温炉壁所辐射的可见光和红外线的影响而产生误动作，因此，安装时注意不要让高温炉壁的辐射直接照射到光敏电阻上。

②光电池。光电池是一种半导体材料，在光照下直接将光能量转变成电动势。图 14-14 是光电池控制电路原理。图 14-14(a)中采用的是 RAR 型硒光电池，当它接收到光照时，

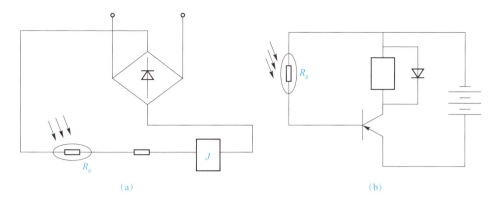

图 14-12　光敏电阻火焰监视电路原理

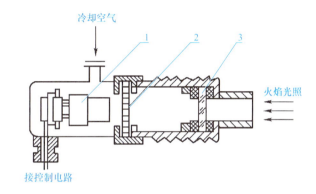

图 14-13　光敏电阻火焰传感器示意

1—光敏电阻；2—磨砂玻璃；3—耐热玻璃

正、负极之间将会产生小于 1 V 的电压，经过放大器 MV 后足以使继电器 FR 动作。图 14-14(b)中采用的是 2CRII 型光电池，当它接受到光照时，光电池两极之间将产生 0.5 V 的电压，经过晶体管放大后使继电器 J 动作。

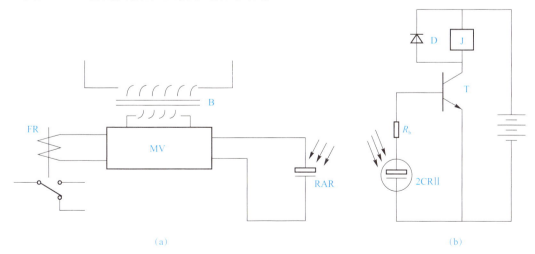

图 14-14　光电池控制电路原理

光电池使用寿命长，而且它的光谱敏感范围仅限于可见光，不包括红外线，因此，在锅炉火焰监视上用得越来越多。

点火变压器及点火电极和火焰传感器都集成在辅助锅炉燃烧器上。辅助锅炉燃烧器如图 14-15 所示。

图 14-15　辅助锅炉燃烧器

活动 4　叙述船舶辅助锅炉的各种安全保护功能

当锅炉出现异常状态影响安全运行时，如水位低至危险水位、油压过低、风压过低（有的锅炉包括油温过低）及运行时突然熄火或点火失败时，系统应能完成自动熄火停炉，同时发出声光报警。自动联锁装置时，当设备发生错误操作或故障时，应能自动阻止操作继续进行，避免事故发生。如风机停止工作时，燃烧器就会立即停止喷油。锅炉自动控制系统中通常都有以下的安全保护。

1. 危险低水位保护

当水位控制系统发生故障或其他故障促使给水不能正常进行时，若水位降低到低水位后仍不能正常给水，并且继续下降到危险低水位时，危险低水位保护器动作，切断燃油电磁阀，燃油泵和风机的电源，自动停炉同时发送声光报警。无论锅炉是采用双位式水位控制还是恒定水位的水位控制，都应设置有危险低水位保护装置，防止锅炉在缺水的情况下干烧，导致锅炉损坏。事实上，由于锅炉低水位保护装置失效而导致锅炉烧塌的事故也很多。因此，需要了解保护装置的日常保养工作。前已述及，电极式双位水位控制系统中最低一根电极就是危险低水位保护采集信号用的。电极结构如图 14-16 所示，为保证其正常工作，日常保养要注意以下四项：

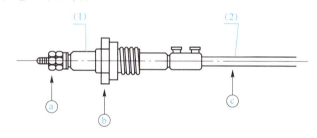

图 14-16　锅炉水位电极结构
(1)电极支架；(2)、ⓒ水位测量杆；ⓐ接线柱；ⓑ锁紧螺母

(1)定期清洁电极，防止影响其灵敏度。

(2)每三个月测量其绝缘，ⓐ～ⓒ绝缘为 0；ⓐ～ⓑ绝缘为 0.1 MΩ 或更高。

(3)每月冲洗电极室，更换水，防止电极室的水长期不流动，导致水被电离，影响其导电性。

(4)每月检查、试验给水泵动作及其危险低水位报警。

2. 燃烧保护

(1)点火失败保护。点火失败保护的目的是防止点火过程中，在点火电极通电的情况下，继续喷进燃油而引起爆燃或炉膛爆炸。点火应该在短时间完成，如果接通点火开始计时(一般为 10 s)，火焰检测器还没有检测到火焰，那么就应给出点火失败的声光报警，并中断锅炉运行。

（2）中途熄火保护。锅炉燃烧在运行过程中，如果火焰检测器超过 10 s 还没得到火焰的信号，那么就会终止燃烧，停止燃油，防止过多未燃烧的燃油进入炉膛，引起事故。

（3）火焰检测器的日常维护。火焰检测器结构如图 14-17 所示。日常保养需要注意以下三项：

1）定期清洁火眼玻璃，避免影响透光性。

2）正常火眼的阻抗为 100 kΩ，检测到火焰时电阻在 500 Ω 以下。

3）每月试验火焰检测器功能是否正常。

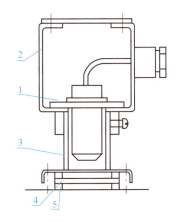

图 14-17　火焰检测器结构
1—火眼；2—安装盒；3—支撑架；
4—火眼玻璃；5—密封填料

3. 温度报警及保护

（1）排气高温保护。在锅炉烟道上安装了一个温度继电器，如图 14-18 所示。如果排气温度超过设定值，则将发出声光报警。引起排气温度异常升高的情况，往往是锅炉燃烧异常，不完全燃烧导致后燃加剧。这时应检查锅炉的燃烧情况。如果不完全燃烧持续时间长，将在锅炉的水管壁上积聚一层厚厚的烟灰，影响锅炉的运行安全和热效率。而引起不完全燃烧的原因，往往是锅炉燃烧的风油比调整不当或者油温太低。

（2）高油温保护。船用锅炉一般燃用渣油，目前船舶常用的燃油以 IFO380 cst 为主，要保证良好雾化和燃烧，必须进行加热。常用燃油黏度和加热温度见表 14-1。

图 14-18　温度继电器

表 14-1　常用燃油黏度和加热温度

雷氏 No.1Sec./100 ℉	1 500 Sec	2 500 Sec	3 500 Sec
运动黏度(cst)50 ℃ IF	IF-180　180 cst	290 cst	IF380　380 cst
运动黏度(cst)100 ℃ CIMAC 和 ISO	25 cst CIMAC/RM-25	—	35 cst CIMAC/RM-35
加热温度推荐	～125 ℃	130 ℃	135 ℃～140 ℃

锅炉燃油加热装置一般采用电加热，对电加热器应定期正确地保养，定期清除结垢，检查绝缘是否正常，防止因漏电而导致发生事故。油温过高，不仅影响燃油的雾化，而且如果超过其闪点，则可能会引起自燃。因此，油温超过某一允许值时，应自动停止加热并发出声光报警。油温高的报警装置一般由温度继电器来完成。一般高温报警值设定在加热温度以上 30 ℃～40 ℃。

（3）低油温报警。如果加热装置失效或加热单元内部结垢严重，将导致油温过低，而油温过低，会引起燃油黏度过大，影响燃油的雾化，导致燃烧不良，降低热效率。因此，油温过低时应立即发出声光报警，并停止燃烧。低油温温度继电器警报值一般设定在加热温度以下 20 ℃～30 ℃。

（4）加热器保护。由于锅炉燃油加热是电加热，严格地说加热温度无上限，假如高油温报警失效，则导致油温继续升高，这将导致严重的事故，因此，在加热器上还设置了一个高温保护的温度继电器，一般加热器保护的温度设定在 180 ℃。

RT 型温度继电器如图 14-19 所示。如果旋转设定旋钮 1，将改变温度的下限设定值，顺时针旋转将提高温度下限设定值。转动幅差调整螺母 3 可以改变它与固定圆盘之间的间隙，间隙越大，电触点闭合温度与断开温度差值越大，故幅差调节螺母 3 控制了欲控温度的上限。幅差螺母位置既定时，设定旋钮 1 实际上会使控制温度上、下限同时改变。

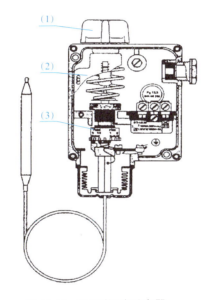

图 14-19　RT 型温度继电器
1—设定旋钮；2—刻度尺；3—幅差调整螺母

4. 压力保护

（1）蒸汽压力保护。当锅炉蒸汽压力达到设定值时，锅炉应停止燃烧。但是一旦停止燃烧失败，锅炉蒸汽压力继续升高，将严重影响锅炉的安全运行。为了防止这种事故的发生，一般锅炉都设置了二重保护装置。

1）蒸汽压力自动调压系统。在锅炉蒸汽总管上设置一旁通阀，直接通到蒸汽冷凝器，一旦锅炉蒸汽压力超过设定值，将蒸汽旁通到冷凝器中，直接泄压。这种保护装置在废气锅炉中广泛应用，通过它可以调整锅炉的蒸汽压力。其装置原理如图 14-20 所示。这种装置的主要部件是 PI 调节器和调节阀。调节阀可以是直接驱动或气动型。这路保护装置设定气压一般比安全阀设定的气压低 0.1 MPa。

2）安全阀。如果蒸汽压力调节失败，压力继续升高，那么它的安全保护的最后一道屏障就是安全阀，轮机员必须熟悉安全阀的原理并做好定期保养。

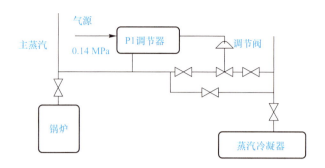

图 14-20　飞轮上的测速感应器

安全阀按结构形式可分为垂锤式、杠杆式、弹簧式和先导式(脉冲式),按阀体构造可以分为封闭式和不封闭式两种。

①注意事项。

a. 各种安全阀都应垂直安装。

b. 安全阀出口处应无阻力,避免产生受压现象。

c. 安全阀在安装前应专门测试,并检查其密封性。

d. 对使用中的安全阀应做定期检查。

②对安全阀的要求。

a. 额定蒸发量大于 1 t/h 的锅炉,至少装设两个安全阀;额定蒸发量小于或等于 1 t/h 的锅炉,至少安装一个安全阀。

b. 安全阀应垂直安装在锅筒、烟箱的最高位置。在安全阀和锅筒之间,不得装有取用蒸汽的出口管和阀门。

c. 杠杆式安全阀要有防止重锤自行移动的装置和限制杠杆越轨的导架,弹簧式安全阀要有提升手把和防止随便拧动调整螺钉的装置。

d. 安全阀一般应装设排汽管,排汽管应直通安全地点,并有足够的截面积,保证排汽畅通。

(2)低风压保护。风压过低,空气量不足,影响正常燃烧。有的船用锅炉采用风机故障的保护方式来实现保护。风压过低故障的主要原因有风机故障、风门调节失败等。一旦出现风压过低,燃烧应该终止,发出声光报警。

(3)低油压保护。油压过低使雾化质量急剧恶化而降低燃烧效率,可能引起炉膛爆炸、尾部再燃。因此,当油压低于设定值时,应给出声光报警。

自动保护的电气线路原理如图 14-21 所示。当某一个参数(如压力或者温度)超过允许值时,触点 A 将闭合,使继电器 J1 得电,对应触头 J1-1 闭合,信号指示灯 B 亮;J1-2 闭合,蜂鸣器 D 报警,此时按下按钮 AN 消除声响,但信号 A 恢复正常之前其指示灯 B 保持亮;J1-3 闭合,继电器 J3 有电,带动相应触头断开或闭合使其他自动保护设备动作,如超气压时停止燃烧设备。

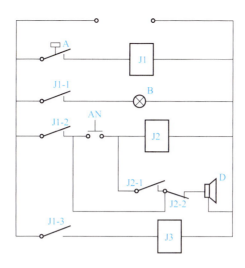

图 14-21　自动保护电气线路原理

活动 5　管理船舶辅助锅炉运行实训

仿真辅助锅炉控制箱面板如图 14-22 所示。

图 14-22　仿真辅助锅炉控制箱

1. 准备工作

（1）检查锅炉水位及给水系统、油柜油位及燃油系统中各阀门的开闭状态是否正确；关闭蒸汽供汽阀，开启炉顶空气阀（冷炉启动时）。

（2）将轻重油选择开关扳至"DO"位置。

（3）接通控制系统电源，将"MANU/AUTO"选择开关扳至"MANU"位置。

（4）若水位低于过低水位，则按下 No.1（或 No.2）F.W PUMP 按钮，启动一台给水泵补水，待水位达到（30%左右）后停止补水。若水位过高，则可以通过下排污阀排水。

（5）若 DO 油柜油位过低，则在 CRT 上打开进油阀补油。油位正常后，在控制面板上按下 No.1（或 No.2）F.O PUMP 按钮，启动一台油泵，待油压正常后（2.3 MPa）停车。

（6）在 CRT 上打开雾化空气进气阀。

（7）在调节器面板上检查"燃油压力"设定值（2.3 MPa）、"燃油温度"设定值（180 cst 燃油，对应温度为 120 ℃）、"主蒸汽压力"设定值（1.6 MPa）、"雾化蒸汽压力"设定值（0.6 MPa）和"水位"设定值（40%），若不符合要求，则予以调整。然后在 CRT 的燃烧系统图中，将燃油压力控制器设置为"AUTO"；在水位控制系统图中，将水位控制器设置为"AUTO"，其余调节器均设置为"MANU"。

2. 燃烧自动控制

（1）准备工作完成后，将控制面板上的"MANU/AUTO"选择开关扳至"AUTO"位置。

（2）按下 BURNER ON/OFF 按钮启动燃烧器，燃烧器即按程序自动运行。通过控制面板及 CRT 上有关指示灯观察和检查燃烧时序动作，并估计各阶段时序动作的时间大小。

（3）待炉顶空气阀有蒸汽冒出时，关闭该阀。当蒸汽压力达到 0.6 MPa 以上时，打开雾化蒸汽进汽阀，并将雾化蒸汽压力调节器转至"AUTO"位置；当蒸汽压力达到 1 MPa 时，将主蒸汽压力控制器和风油比控制器转至"AUTO"位置。

(4)当蒸汽压力达到 1.6 MPa 后,逐一打开各蒸汽供汽阀。在 CRT 上开启重油柜蒸汽加温阀和燃油加热器蒸汽加温阀。在重油温度超过 80 ℃后,将"DO/HFO"开关扳至"HFO"位置,然后在 CRT 上将燃油温度控制器转至"AUTO"位置。

(5)当蒸汽压力达到 1.6 MPa 并稳定后,通过面板仪表和 CRT 上的数字显示观察燃油压力、燃油温度、蒸汽压力、雾化蒸汽压力和排烟氧含量等参数的变化,注意风量和油量的相互关系。

(6)减小锅炉负荷(如关掉一个或几个供汽阀),使蒸汽压力超过 1.6 MPa,系统自动进行蒸汽清扫油枪(10 s)和后扫风(60 s)后停炉。

3. 手动燃烧控制

(1)检查并完成燃烧前的准备工作。

(2)按下 COMBUSTION AIR FAN 按钮手动启动风机,然后将控制面板上的手动燃烧控制旋钮旋至"PURGE"位置,预扫风 1 min 左右。

(3)按下 BURNER ON/OFF 按钮启动燃烧器,再按下控制面板上的 ATOMIZING STERM VALVE 按钮,打开雾化蒸汽电磁阀。

(4)将手动控制旋钮旋至"IGNITION"位置(此时风量、油量均为 25% 左右),按下控制面板上的"点火"按钮(FIRE BUTTON)并保持不放,待点火成功后(控制面板上的"IGNITION ON"指示灯由闪光转为平光),松开"点火"按钮。

(5)按下控制面板上的 FUEL OIL VALVE 按钮并保持 5 s,检查主火是否建立。

(6)将手动控制旋钮顺时针依次旋至"LOW FIRE""HIGH FIRE"位置,然后按照负荷情况旋动手动控制旋钮调节风量和油量,注意检查燃烧情况和蒸汽压力。

(7)停炉时,先按下 FUEL OIL VALVE 按钮(灯灭),再按下 STEAM PURGE VALVE 按钮(灯亮),清洗油枪 10 s 后按下 STEAM PURGE VALVE 按钮(灯灭)。

(8)按下 BURNER ON/OFF 按钮(灯灭),使燃烧器停止工作。在控制面板上停止燃油泵,再将手动燃烧控制开关扳回"PURGE"位置后扫风 1 min 以上,然后停止风机。

任务工单见表 14-1。

表 14-1　任务工单

学习领域	船舶动力设备自动控制					
任务名称	管理船舶辅助锅炉运行		学时	2	班级	
学生姓名		学号		组别	任务成绩	
任务描述	接受管理船舶辅助锅炉运行任务工单，查阅相关资料，了解船舶辅助锅炉水位、压力自动控制，船舶辅助锅炉燃烧时序控制，船舶辅助锅炉安全保护等知识，根据实训要求按步骤进行船舶辅助锅炉运行实训					
场地、设备	轮机综合实训室、辅助锅炉及相关工具					
资讯	1. 简述船舶辅助锅炉电极式水位自动控制过程： 2. 简述船舶辅助锅炉双位压力自动控制过程： 3. 简述 YWK-50-C 式压力调节器设定上、下限压力过程： 4. 简述船舶辅助锅炉燃烧时序控制过程： 5. 简述船舶辅助锅炉安全保护部件：					
计划与决策	请根据任务要求，确定所需要的知识、设备、工具，并对小组成员进行合理分工，制订完成管理船舶辅助锅炉运行任务的详细方案。 　1. 写出实施方案： 　2. 小组人员分工： 　3. 所需要的知识、设备、工具：					

	管理船舶辅助锅炉运行	
实施	步骤一：实训前准备工作 　　1. 技术准备： 　　2. 工具准备： 　　3. 对象准备： 步骤二：设定压力开关的变化范围(0.45～0.65 MPa) 步骤三：锅炉燃烧的时序控制 	
	遇到的问题	解决的问题
	1.	
	2.	
	3.	
	4.	
	5.	
检查	学生自查： 指导教师检查： 	

任务工单完成情况评价见表 14-2。

表 14-2 任务工单完成情况评价

评价	自我评价						评分（满分 10 分）
	组内互评	学号	姓名	评分（满分 10 分）	学号	姓名	评分（满分 10 分）
		注意：最高分与最低分相差最少 3 分，同分人最多 3 个，某一成员分数不得超平均分±3 分。					
	小组互评						评分（满分 10 分）
	教师评价						评分（满分 10 分）
签字	任务完成人签字：　　　　　　　　日期：　　年　　月　　日						
	指导教师签字：　　　　　　　　　日期：　　年　　月　　日						

任务15 认知机舱监视与报警系统

任务要求

1. 知识要求

(1)机舱监视与报警系统组成;

(2)机舱监视与报警系统的功能;

(3)机舱监视与报警系统的分类和监测方式;

(4)曲轴箱油雾浓度监视与报警系统组成和功能。

2. 能力要求

(1)能够进行机舱监视与报警系统的基本操作;

(2)能够进行模拟量和开关量的调整操作;

(3)能够操作 Mark-6 型曲轴箱油雾浓度监视与报警系统。

3. 素质要求

(1)养成善于动脑、勤于思考、及时发现问题的学习习惯;

(2)提高理论联系实际的能力,培养分析和解决反馈控制系统实际问题的能力;

(3)培养理性思维能力和科学求实精神;

(4)培养学习新技术的能力,增强创新意识。

任务描述

　　机舱集中监视与报警系统是轮机自动化的一个重要内容,其功能是准确可靠地监测机舱内各种动力设备的运行状态及其参数,运行设备一旦发生故障,即可自动发出声光报警信号。根据自动化程度的不同,有些系统还具有报警记录打印,参数和状态的定时或召唤打印及参数的分组显示等功能。对于无人值班机舱,集中监视与报警系统还能将报警信号延伸到驾驶台、公共场所、轮机长房间和值班轮机员的住所。机舱集中监视与报警系统不仅可以改善轮机管理人员的工作条件,减轻劳动强度,及时发现设备的运行故障;而且是实现无人机舱的基本条件。

任务实施

活动1 叙述机舱监视与报警系统组成

　　一个完善的集中监视与报警系统(图 15-1)应包括以下三个组成部分:

（1）分布在机舱各监视点的传感器。

（2）安装在集中控制室内的控制柜和监视仪表或监视屏。

（3）安装在驾驶台、公共场所、轮机长和轮机员居室的延伸报警箱。

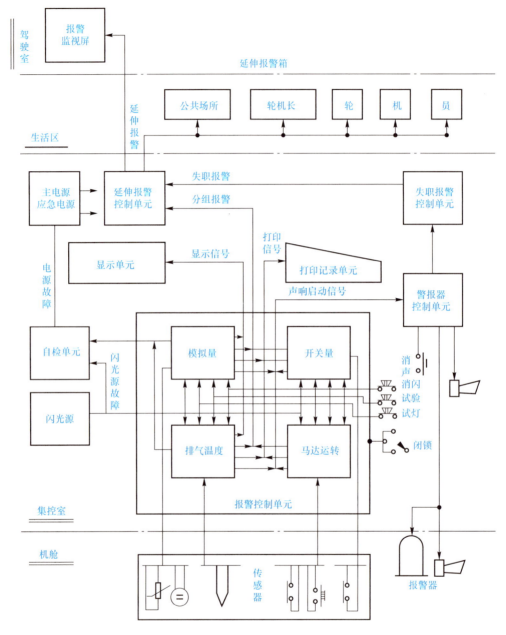

图 15-1　机舱监视与报警系统

学习笔记：

活动 2　叙述机舱监视与报警系统功能

1. 故障报警

机舱内各种设备的运行是否正常，都与其一些相关参数是否处于所允许的上、下限范围内有关。大多数设备一旦发生故障，其相关参数越限后将无法自行恢复正常，只有在轮机管理人员将设备修复后才能恢复正常，可以将这一类设备故障称为通常故障（或长时故障）。有些重要设备是成双配置的并具有自动切换功能，例如，主机滑油泵在运行泵发生故障时，能自动切换到备用泵工作。这类设备一旦参数越限，就能通过自动切换作用，使参数重新恢复正常。可以将参数越限后，在短时间内使参数自行恢复正常的设备故障称为短时故障。

对上述两种形式的设备故障，监视与报警系统会产生不同的报警过程。

（1）通常故障报警。在被监视的设备运行正常时，与其相关的参数处于正常范围内，监视与报警系统不发出声响报警，相应的报警指示灯处于熄灭状态。当运行设备发生故障时，与其相关的参数越限，系统立即发出声响报警，同时，相应的报警指示灯快速闪光。值班轮机员获悉后应马上进行应答（或确认）操作，声响报警消失，报警指示灯转换成常亮（或平光）状态，以记忆故障，直到轮机人员排除故障，使参数重新恢复正常，报警指示灯才熄灭。

（2）短时故障报警。当运行设备发生故障时，与其相关的参数越限，系统立即发出声光报警。在值班轮机员还未做出应答操作前，由于运行设备已自动切换到备用设备，使参数在短时间内自行恢复正常，此时声响报警将继续保持，而报警指示灯从快闪转换为慢闪状态（对无快、慢闪之分的系统，报警指示灯则保持闪光状态），以记忆报警状态。值班轮机员获悉后，首先进行消声操作，使声响报警停止，然后根据闪光指示灯确认故障设备后再进行消闪操作，于是报警指示灯从慢闪转换成熄灭状态。

2. 参数显示与报警指示

参数显示主要用来显示被监视参数的即时值和报警极限值；报警指示主要用来指示故障部位、内容及状态。参数显示仪表常用的有指针、数码显示和 CRT 终端显示三种类型。报警指示常用红色灯泡或发光二极管来指示，在微机型报警监视系统中，还采用 CRT 显示器来指示。

3. 打印记录

（1）参数记录有定时制表记录和召唤记录两种方式。定时制表记录是打印机以设定的间隔时间，自动地将机舱内需要记录的全部参数打印制表，轮机人员只要将打印纸整理成册，即可作为轮机日志。召唤记录也称为随时记录，轮机人员可根据需要，随时打印即时工况参数，可进行全点或选点打印监视点的参数。

（2）报警记录是由监视系统自动控制的，当被监视的运行设备发生故障时，自动地启动打印机将故障名称、内容和时间打印，而在故障排除时，自动打印故障排除的时间。

4. 延时报警

在监视液位时，由于船舶摇摆使容器内的液面来回倾斜，而出现短时虚假越限现象，导致误报警。在开关量报警监视中，当主机变速经过临界转速区时，船舶会出现剧烈振动，使开关量传感器的触点抖动而出现瞬间断开现象，致使产生误报警。为了避免系统误报警，常设置延时报警。在液位监视报警中，常采用延时 2～30 s 的长延时报警，而在开关量报警中，常采用延时 0.5 s 的短延时报警。在延时时间之内，参数越限或触点断开不发出报警，超过延时时间若参数仍越限或触点仍断开，系统就发出报警，这样可以有效避免误报警。

5. 闭锁报警

船舶在停港期间，主机处于停车状态，因此，主机的冷却水系统、燃油系统和滑油系统等均处于停止工作状态，则与这些系统相关的参数都会出现异常，但这是正常现象，不需要报警，因此，有必要闭锁这些监视点的报警。闭锁报警就是根据机舱设备的运行情况，封锁一些不必要报警的监视点，禁止其报警。

6. 延伸报警

延伸报警是专为无人值班机舱设置的，在机舱无人值班的情况下，必须将机舱故障报警信号分组后传送到驾驶室、公共场所、轮机长和值班轮机员居室的延伸报警箱。延伸报警通常是按故障的严重程度来分组，可将全部监视点的报警信号分为四组：

(1)主机故障自动停车报警。

(2)主机故障自动减速报警。

(3)重要故障报警。

(4)一般故障报警。

有时为了简化延伸报警，在值班轮机员居室仅设置重要故障报警和一般故障报警两个报警指示灯，有的只设置单一的故障指示灯。

延伸报警声可在延伸报警箱上消声应答，也可在集控室消声应答。前者只能使延伸报警箱停止报警，机舱和集控室的报警仍在继续；而后者不仅可使所有的报警停止，而且可复位三分钟失职报警的计时。

7. 失职报警

在机舱无人值班的情况下，报警监视系统在发生故障报警的同时启动 3 min 计时器，若值班轮机员未能在 3 min 内及时到达集控室完成消声应答，即使已在延伸报警箱上做出应答操作，仍将被认为是一种失职行为，报警系统就会向各延伸报警箱发出失职报警，以确保船舶运行安全。报警系统发出失职报警后，只能在集控室进行消声，复位 3 min 计时器后才被撤销失职报警。

8. 值班呼叫

值班报警主要用于轮机员交接班时的信号联络。例如，大管轮与三管轮需要交接班，大管轮只要在集控室的控制台上将值班选择开关转到三管轮位置，此时报警监视系统就会撤销大管轮的值班信号，而向驾驶室、公共场所和三管轮居室的延伸报警箱发出三管轮值班报警，以通知三管轮来接班；二管轮获悉后立即进行应答操作，这时值班报警声消失；三管轮的值班指示灯从闪光转为常亮，从而完成交接班的信号联络。然后，监视系统就将故障报警信号传送到三管轮居室的延伸报警箱，而不再送到大管轮处。

9. 试灯

试灯用于主动检查报警指示灯的好坏，按下"试灯"按钮，所有报警指示灯应点亮，否则表示该灯已损坏需要更换。因此，试灯是轮机员交接班时必不可少的操作之一。

10. 功能试验

功能试验用于主动检查监视系统工作是否正常，并在系统发生故障时，可寻找故障的部位。只要按下"功能试验"按钮，所有监视点全部进入报警状态，如哪个监视点不进入报警状态，则表示该监视通道有故障。对于单元组合式报警监视系统来说，故障可能在相应的报警控制电路，或者传感器，或者报警指示灯。如果所有指示灯均无闪光，则故障在闪光源。如果无声响报警，则故障在声响报警控制单元等，维修人员只要通过更换插板即可修复。

11. 自检

为了确保报警监视系统工作的可靠性，除试灯和功能试验两项手动检测外，对一些重要环节，如传感器、闪光源、电源电压和电源保险丝等进行自动检测，只要其中之一发生故障，监视系统将自动发出系统故障报警。

12. 备用电源的自动投入

要使监视系统在全船失电情况下都能正常工作，就必须配备相应的备用电源。在主电源失压或欠压时，系统能自动启动备用电源，实现不间断供电。这是保证报警监视系统可靠工作的又一重要措施。

学习笔记：

_____

_____

_____

_____

_____

_____

活动 3　叙述机舱监视与报警系统的分类和监测方式

1. 机舱监测参数的分类

机舱中需要监视的参数可分为两类：一类是开关量；另一类是模拟量。

(1)所谓开关量，是指只有两个状态的量。这两个状态通常表示为开关的断开和闭合，开关的形式可以是机械开关，也可以是继电器触点。在船舶机舱中，开关量可以反映设备的运行状态，例如，设备处于运行状态还是停止状态，设备处于正常工作状态还是故障状态，主机凸轮轴位置及阀门位置等。监视与报警系统能对这些开关量进行显示，需要报警的则发出声光报警。

(2)所谓模拟量，是指连续变化的量，如温度、液位、压力和转速等参数均为模拟量。监视与报警系统应能对这些模拟量进行实时显示。如果参数超过预定的范围，则应发出越限声光报警。越限报警可分为上限报警和下限报警。通常，温度参数的报警为上限报警，压力参数的报警为下限报警，而液位参数的报警既有上限报警也有下限报警。

应当指出的是，对于有些设备，其运行参数虽然为模拟量，但并不是将这些模拟量直接送入监视与报警系统，而是通过压力继电器、温度继电器或液位开关等转换为开关量信号再送至监视与报警系统。对于这些参数，监视与报警系统将以开关量的形式进行处理。

2. 监测方式

监视与报警系统的种类有很多，但所采用的监测方法有两类：一类是采用连续监测方法；另一类是采用扫描监测方法。

(1)连续监测是指机舱中所有监测点的参数并行送入监视与报警系统，并对所有监测点的状态及参数进行连续监测。单元组合式监测与报警系统采用连续监测，系统中的核心部件是报警控制单元，它由各种测量和报警控制电路组成。每个监测点需要一个独立的电路进行测量和产生报警信号，测量结果和报警信号送至公共的显示和报警电路(报警控制单元)。在设计时通常将多个同类型参数的电路制作成一块电路板。连续监测的方法由于每个监测点采用单独的电路，因此，各监测点之间的相互影响较小，当某些监视点通道发生故障时，不会影响其他通道的工作，监视点的数量增减原则上不受限制。但所需硬件较多，造价较高。

(2)扫描监测也称为巡回监测，是以一定的时间间隔依次对各监测点的参数和状态进行扫描，将监测点信息逐一送入监视与报警系统进行分时处理。因此，无论监测点有多少，均仅需要一个测量和报警控制单元。巡回监测可通过常规集成电路和微型计算机来实现。由于微机具有采样速度快、检测精度高、体积小、数据处理功能强大、显示手段先进等优点，大多数船舶均采用基于微机技术的监视与报警系统。另外，计算机网络技术的成熟应用已经使监视与报警系统分布式网络结构的方向发展。

学习笔记：

活动 4　叙述 Mark-6 型曲轴箱油雾浓度监视与报警系统组成和功能

Mark-6 型油雾浓度监视与报警系统最主要的设计是每个检测点用一个传感器进行检测，并通过通信总线连接起来，大大降低了扫描时间，提高了检测速度。Mark-6 采用差动测量系统，使系统有高灵敏度，最大限度地降低了误报警的发生。该系统仍然使用光学传感测量方法，但用散射光测量取代了透明度的测量，从而实现传感器的小型化，通过标准的接口安装固定在机器上，各个采样点独立且不用采样管路，传感器内部多光源的设计使当一个光源损坏时传感器仍能正常使用。模块化设计使得在很短的时间内就能完成故障探头的更换。

1. 系统的组成

Graviner Mark6 OMD 系统可以安装多达 64 个分布于 8 台柴油机上的探头。在没有报警的正常情况下，全系统扫描时间为 1.2 s。

传感器电缆直接连接安装于柴油机上的接线盒，然后通过两根电缆（通信电缆和电源线）分别连接到位于集控室的控制单元及显示单元或其他合适的地方。该系统采用数字传输技术，这意味着显示及控制部分可以安装在位于集控室的控制单元内，在有报警发生时没有必要到现场进行操作。系统控制面板如图 15-2 所示。系统主要由传感器（探头）、接线箱及控制单元组成。系统结构框图如图 15-3 所示。

图 15-2　系统控制面板

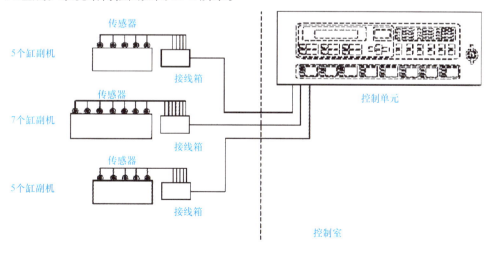

图 15-3　系统结构框图

每个传感器连续不断地监视其所连接的曲轴箱内部的油雾浓度，另外，传感器本身要进行自检。控制单元按顺序扫描传感器内以数字量形式存储的各种信息，包括传感器的地址码。控制单元根据这些信息分别处理每台机器，计算油雾浓度平均值及相对于平均报警值的偏差值，再与预设的平均报警值及偏差报警值进行比较。

控制单元配有 LCD 显示器显示每台机器的平均油雾浓度，在报警状态下根据需要自动显示报警点的油雾浓度值及相应的机器的油雾浓度平均值。

油雾浓度探测器可以通过软件设置使之适应二冲程机或四冲程抓或其组合，软件菜单提供各种功能的实现方法，它有三个操作级别，即用户、工程师及服务商。用户级别的操作只能实现查询功能，不能进行报警设定及系统设定；工程师级别的操作受密码保护，输入密码后可以完成很多设置，但不可以对事件及历史记录进行更改及复位；服务商级别的操作受密码保护，但不同于工程师级别的菜单，允许进行所有操作，这种操作必须有厂家的授权或代理授权。

出于安全考虑，所有的系统控制及报警显示与输出都在控制单元实现，每个传感器上装有三个指示灯：绿色灯指示电源状态；红色灯指示报警状态；淡黄色灯指示故障状态，探头上还有设置地址码的开关。

任何一个传感器的工作都是独立的，一个传感器出现故障或者保养并不影响其他传感器的工作，一个传感器或者一个柴油机油雾浓度检测系统都可以被隔离，从而便于维修保养，并不影响其他部分的正常工作，探头之间及控制单元之间采用CAN 总线连接完成彼此之间的信息交互。

图 15-4　探头安装位置

2. MARK-6 型曲轴箱油雾浓度监视与报警系统的保养及故障诊断

（1）维护与保养。

1）探头的清洗步骤。

①如果要对某个探头进行维护保养或对某台机器的全部探头进行保养，需要按照说明书对某个探头或某台机器进行隔离。主机探头安装位置如图 15-4 所示。

②拆卸探头电缆，取下探头，如图 15-5 所示。

③用内六角扳手拆卸探头底部的两个螺钉，如图 15-6 所示。

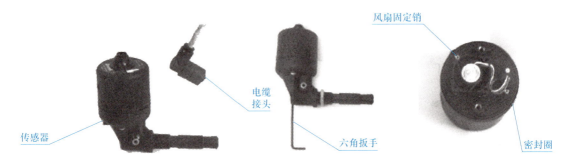

图 15-5　传感器及电缆接头　　　图 15-6　传感器分解图

④拆卸探头盖，检查密封状态，更换坏损件。

⑤用起拔器小心拆卸风机组件。

⑥检查四个风机弹簧及固定销的状态，更换坏损件。

⑦检查风机空转及油污情况，如图 15-7 所示，参考说明书进行操作。

⑧用玻璃清洗剂清洗烟气探测孔及光导管末端，如图 15-8 所示。

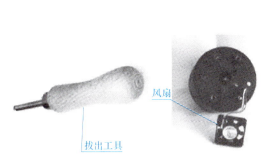

图 15-7　拔出工具及风机位置图　　　　　图 15-8　光导管位置图

⑨用吹灰器吹出内部杂质并吹干内部单元。

⑩检查内部腔室及采样管，必要时进行清洗。

⑪装复风机组件。

⑫解除隔离状态。

2)探头的更换。需要注意的是，在柴油机运转过程中不要拆卸探头，以免热油从安装孔喷射出来。如果此时要拆卸，必须非常小心。正在使用中的探头无论什么原因，只要拆卸，就必须对光学组件进行清洗。更换探头应按以下顺序进行：

①关闭电源，隔离探头。

②拆卸探头顶部电缆。

③用 4 mm 的 L 形内六角扳手拆卸探头基座固定螺钉。

④拔出探头并记录探头地址。

⑤在新探头上设置与旧探头完全相同的地址。

⑥安装新探头并固定，贴好标签。

⑦安装电缆。

⑧打开电源，启动程序进行初始化。

⑨如果该探头隔离，要解除隔离状态，按下 MAIN DISPLAY 键返回主显示，然后复位，启动相同进行初始化。

⑩探头使用五年后要返回授权代理处进行全面检修和更换密封件。

(2)常见的故障及诊断。

1)控制单元电源指示灯不亮，显示器无显示：这种现象通常是电源故障，以此为主线索进行故障诊断。

2)设备上的探头电源指示灯不亮：可能的原因是接线箱保险丝损坏或探头故障。

3)显示器上显示 COMMS FAULT：可能的原因是探头地址码设置错误、探头供电不正常及探头处于各种状态。

4)显示器上显示 FAN FAULT：内部风机故障。

5)显示器上显示 LED FAULT：探头油雾循环腔需要清洗或 LED 有故障。

型油雾浓度监视与
报警系统接线图

6)显示器上显示 DETECTOR FAULT：探头透光孔堵了、导光管损坏及探头故障。

7)错误的偏差报警 FALSE DEVIATION ALARM：偏差报警设置有问题。

学习笔记：

_____

_____

_____

_____

_____

_____

活动 5　操作 Mark-6 型油雾浓度监视与报警系统实训

任务工单见表 15-1。

表 15-1　任务工单

学习领域	船舶动力设备自动控制					
任务名称	操作 Mark-6 型油雾浓度监视与报警系统	学时	2	班级		
学生姓名		学号		组别		任务成绩
任务描述	接受操作 Mark-6 型油雾浓度监视与报警系统任务工单，查阅相关资料，了解机舱监视与报警系统组成和功能、Mark-6 型油雾浓度监视与报警系统的结构和功能，根据要求查看曲轴箱的油雾浓度，并对探头进行清洗					
场地、设备	模拟机舱、Mark-6 型油雾浓度监视与报警系统、相应工具					
资讯	1. 简述机舱监视与报警系统组成： 2. 简述机舱监视与报警系统功能： 3. 简述机舱监视与报警系统分类和监测方式： 4. 简述 Mark-6 型油雾浓度监视与报警系统组成； 5. 简述 Mark-6 型油雾浓度监视与报警系统探头清洗过程：					
计划与决策	请根据任务要求，确定所需要的知识、设备、工具，并对小组成员进行合理分工，制订完成操作 Mark-6 型油雾浓度监视与报警系统任务的详细方案。 1. 写出实施方案： 2. 小组人员分工： 3. 所需要的知识、设备、工具：					

	操作 Mark-6 型油雾浓度监视与报警系统
实施	步骤一：实训前准备工作 1. 技术准备： 2. 工具准备： 3. 对象准备： 步骤二：在 Mark-6 型油雾浓度监视与报警系统操作面板查询曲轴箱油雾浓度 步骤三：利用工具清洗探头

遇到的问题	解决的问题
1.	
2.	
3.	
4.	
5.	

检查	学生自查： 指导教师检查：

任务工单完成情况评价见表 15-2。

表 15-2 任务工单完成情况评价

评价	自我评价						评分(满分 10 分)
	组内互评	学号	姓名	评分(满分 10 分)	学号	姓名	评分(满分 10 分)
	注意:最高分与最低分相差最少 3 分,同分人最多 3 个,某一成员分数不得超平均分±3 分。						
	小组互评						评分(满分 10 分)
	教师评价						评分(满分 10 分)
签字	任务完成人签字: 日期: 年 月 日						
	指导教师签字: 日期: 年 月 日						

学习笔记:

任务16 船舶电力系统

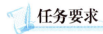

任务要求

1. 知识要求

船舶电力系统组成与特点。

2. 能力要求

能够掌握船舶电力系统组成，正确管理和维护电网正常运行。

3. 素质要求

(1)养成善于动脑、勤于思考、及时发现问题的学习习惯；

(2)提高理论联系实际的能力，培养分析和解决问题的能力；

(3)培养理性思维能力和科学求实精神；

(4)培养学习新技术的能力，增强创新意识。

任务描述

船舶电力系统是由电源装置、配电装置、电力网和负载按照一定方式连接的整体，是船舶上电能产生、传输、分配和消耗等全部装置和网络的总称。

任务实施

活动1 认知船舶电力系统

1. 船舶电力系统组成(图16-1)

(1)船舶电源装置将机械能、化学能等能源转变为电能的装置。船舶常用的电源装置是柴油发电机组和蓄电池组(图16-2)。

(2)船舶配电装置是对电源即发电机发出的电能、电力网和电力负载进行保护、分配、转换、控制和检测的装置。根据供电范围和对象的不同可分为主配电板、应急配电板、动力分配电板、照明分配电板和蓄电池充放电板等。

(3)船舶电力网是全船电缆电线的总称。其作用是将各种电源与负载按一定关系连接起来。根据其所接负载的性质可分为动力电网、低压电网、照明电网、应急电网和小应急电网等(图 16-3)。

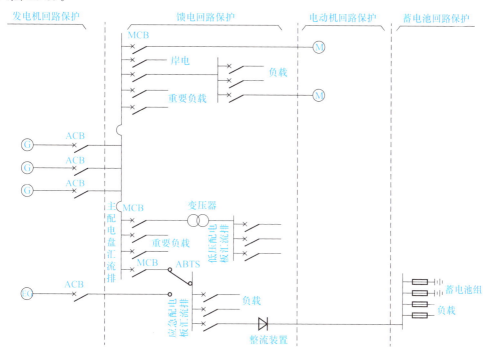

图 16-1　船舶电力系统组成

图 16-2　船舶柴油发电机

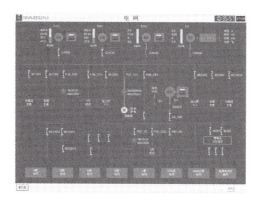

图 16-3　船舶电力网

（4）负载船舶电力负载即用电设备。

2. 主配电板组成（图 16-4）

图 16-4　主配电板组成

（1）发电机控制屏（图 16-5）。发电机控制屏主要由电压表、电流表及其转换开关、频率表、功率表、功率因数表组成。电压表及其转换开关用于测量发电机或电网的三相线电压，电流表及其转换开关用于测量发电机三相线电流；功率表用于测量发电机输出功率；功率因数表用于测量发电机功率因数；频率表用于指示发电机或电网之频率，一般与电压表并联在一起，由电压表转换开关控制。

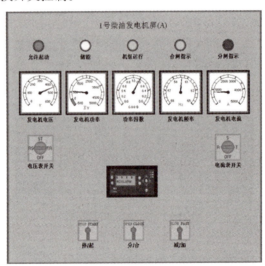

图 16-5　发电机控制屏

发电机主开关通常采用万能式（框架式）自动空气断路器。其由触头系统、灭弧装置、自由脱扣机构、合闸操作机构和脱扣器（分压、分励、过流）组成，有的还有锁扣装置。发电机主开关正常情况下用于接通与断开主发电机，故障情况下用于对发电机进行欠压（失压）、过载、短路等保护。

（2）并车屏（图 16-6）。并车屏用作发电机组的并车整步操作。其面板上装有同步表、同步指示灯、转换开关、操纵按钮及指示灯等。有些并车屏里面还设有汇流排分段隔离开关、粗同步电抗器等。

同步表用于指示待并机与电网频差的大小及正负，每个电站仅装有一只同步表，通过转换开关接入。由于是按短时工作制设计的，因而并车完毕后要及时切除(时间为 15～20 min)。

(3)负载屏。负载屏用来分配电能并对各馈电线路进行控制、监视和保护，并将电能供给各用电设备或分电箱。其包括动力负载屏和照明负载屏。负载屏上装有装置式空气开关、电压表、电流表、转换开关、绝缘指示灯、兆欧表，以及与岸电箱相连的岸电开关等。

图 16-6　并车屏

活动 2　船舶主配电板管理

1. 船舶电站运行中的监视与管理

(1)观察配电板上各仪表读数，如电压、频率、电流、功率等并做记录。

(2)根据工况进行发电机的并联运行或解列，使电站合理、经济运行。

(3)观察并联发电机组之间功率分配是否合理。如果不合理，应进行手动调节并使之合理分配。交流发电机各相电流不得相差 10%，且每相电流不应超过额定值。

(4)检查运行中的发电机的调压装置是否有不正常的振动或声响。若有异常，则应查明原因，排除故障。

(5)检查发电机温度及轴承温度是否正常，发电机的温升不应超过其绝缘等级允许的温升。轴承最高工作温度为：滚动轴承一般不超过 80 ℃；滑动轴承不超过 70 ℃。

(6)注意观察发电机滑环的火花情况。

(7)对故障待修或正在检修的电气设备，在主配电板上断开电源时，必须在其相应的开关上悬挂告示牌，以免造成触电事故或设备损坏。

(8)配电板上同步表、兆欧表均按短期工作设计，并车或测量完毕后，应将转换开关扳回零位。

(9)观察配电板上兆欧表或地气灯所显示的船舶电网绝缘情况。如有绝缘不良应及时进行检查、排除。

2. 船舶电站停止运行后的管理

(1)电站在将要长期停止运行或者发电机、配电板将进行厂修前均应测量绝缘电阻，并做好记录，以备查考。

(2)交流船舶接岸电时，应当查明电压及频率是否与本船电网电压及频率一致，并且要确定相序一致，确保船电失电后方能接通岸电。

(3)配电板停用期间，对有加热驱潮电阻装置者，应通电加热，防止油、水溅入发电机和配电板内。

学习笔记：

_____

_____

_____

_____

_____

_____

活动 3　船舶电站运行管理实训

任务工单见表 16-1。

表 16-1　任务工单

学习领域	船舶动力设备自动控制				
任务名称	船舶电站运行管理	学时	2	班级	
学生姓名		学号		组别	任务成绩
任务描述	接受船舶电站运行管理任务工单，查阅相关资料，了解船舶电站的组成，各部分的功能和运行管理的特点和措施。在模拟机舱模拟船舶电站管理过程。				
场地、设备	轮机实训室、集控室				
资讯	1. 认知船舶电站系统： 2. 简述主配电板组成： 3. 叙述船舶主配电板管理、调整电站仪表运行参数：				
计划与决策	请根据任务要求，确定所需要的知识、设备、工具，并对小组成员进行合理分工，制订完成船舶电站运行管理任务的详细方案。 1. 写出实施方案： 2. 小组人员分工： 3. 所需要的知识、设备、工具：				

	船舶电站运行管理		
实施	步骤一：实训前准备工作 　　1. 技术准备： 　　2. 工具准备： 　　3. 对象准备： 步骤二：船舶电站运行中的监视与管理 步骤三：船舶电站停止运行后的管理 		
	遇到的问题		解决的问题
	1.		
	2.		
	3.		
	4.		
	5.		
检查	学生自查： 指导教师检查： 		

任务工单完成情况评价见表16-2。

表 16-2　任务工单完成情况评价

评价	自我评价					评分(满分 10 分)
	组内互评	学号	姓名	评分(满分 10 分)	学号	姓名	评分(满分 10 分)

评价	组内互评	注意：最高分与最低分相差最少 3 分，同分人最多 3 个，某一成员分数不得超平均分±3 分。	
	小组互评		评分(满分 10 分)
	教师评价		评分(满分 10 分)
签字	任务完成人签字：　　　　　　日期：　　年　　月　　日		
	指导教师签字：　　　　　　日期：　　年　　月　　日		

学习笔记：

任务 17　船舶电站操作和故障处理实训

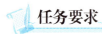任务要求

1. 知识要求

（1）并电操作知识；

（2）电站故障分析。

2. 能力要求

（1）能够正确操作手动和自动并电过程；

（2）能够处理电站故障。

3. 素质要求

（1）养成善于动脑、勤于思考、及时发现问题的学习习惯；

（2）提高理论联系实际的能力，培养分析和解决问题的能力；

（3）培养理性思维能力和科学求实精神；

（4）培养学习新技术的能力，增强创新意识。

任务描述

现代船舶吨位、电气化及自动化程度提高，交流电站日益增加。为了满足供电的可靠性和经济性，船舶电站配置两台及以上的同步发电机组作为主电源，通过公用母线向全船负荷供电，发电机要进行启动、并车、均功、停车操作。

任务实施

活动 1　手动发电机组启动、并车、均功、停车操作

选择手动功能时，将功能选择开关置于手动功能位置。

1. 首台发电机的投入

选择工作发电机组后，启动柴油机，待电压建立起来以后，电压表指示电压正确，"主开关分闸指示"灯亮。

按下主发电机主开关合闸按钮，主发电机投入供电，"主开关合闸指示"灯亮，正常供电。

2. 其余发电机的投入

当汇流排由主发电机供电时，投入其余主发电机时，需要经过整步操作才能将其余机组并网发电。

启动待并发电机组，待电压建立起来以后，电压表指示电压正确，"主开关分闸指示"灯亮。

在并车屏上，通过并车选择开关，正确选择待并机组。此时同步表(图17-1)电源指示灯亮，红色指示灯旋转，指示频率和相位偏差。旋转速度越快，频率相差越多。白色并车指示灯明暗闪烁，闪烁频率越快，频率相差越多。

图 17-1　同步表

调节待并发电机转速，观察同步表上小灯光旋转速度，顺时针 3～5 s 旋转一周，当旋转到"时钟十一点"位置时，按下"并车"按钮，待并发电机主开关合闸。

3. 均功

此时待并机虽已并入电网，但从主配电板上的发电机功率表(图17-2)可以看出，其尚未带负载，为此，还要同时调节两台发电机的调速控制旋钮，使刚并入的发电机加速，原在网的发电机减速，在保持汇流排频率为额定值的条件下，使两台机组均衡负荷。

图 17-2　发电机功率表

4. 并联机组的解列

电网负荷减少到单机运行满足供电需要时需要解列发电机组。首先增加运行发电机组柴油滑油门，减少待解列发电机组柴油滑油门，进行负载转移，通过观察功率表，将待解列机组功率基本降为 2 kW 时，按下待解列发电机组的"分闸"按钮，解列发电机。

活动 2　自动发电机组启动、并车、均功、停车操作

(1)系统开关位置的设定：将系统设在自动状态，设定备用机组备用顺序(图 17-3)。

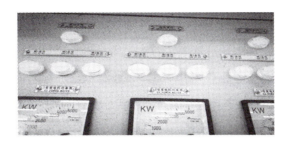

图 17-3　发电机备用指示灯

(2)启动第一台发电机组。

(3)机组启动，建立电压、单机合闸供电后，手动调节负载至单机处在重载状态。

(4)经延时确认后，系统应自动启动第一备用机组，并注意观察系统确认过程。

(5)备用机组启动成功，电压建立、系统即进入准同步并车合闸程序。打开同步表开关，观察自动并车过程。

(6)并车成功，系统即进入频载的自动调节。关闭同步表开关，观察配电板上功率表、频率表指示。

(7)手动增减负载，观察系统自动调节频载。

学习笔记：

_____

_____

_____

_____

_____

_____

活动 3　电站故障应急处理

对于自动化电站应急处理，应注意以下两项内容：

(1)除因短路保护引起主开关跳闸断电外，对于其他各种机电故障至主开关跳闸，自动化电站均能自动处理，不需要值班轮机人员加以干涉，值班人员仅需要按照报警指示进行相应检查、排除处理即可。

(2)若由于短路保护引起电网突然失电，导致除警报声外所有设备均停止运行。此时值班人员切忌在未排除故障的情况下就立即启动机组、合闸供电。该状况下必须先查看报警指示。若报警指示是短路故障，值班人员(或维修人员)应先到主配电板后面仔细检查汇流排是否发生短路，找到短路点排除后或确信主配电板没有发生短路(船舶电网短路保护的选择性整定不当)时才可按"复位"按钮，系统即恢复至自动状态，同时解除阻塞，此时值班人员可遥控启动值班机组投入电网运行。

学习笔记：

活动 4 船舶电站操作和故障处理实训

任务工单见表 17-1。

表 17-1 任务工单

学习领域	船舶动力设备自动控制					
任务名称	船舶电站操作和故障处理		学时	2	班级	
学生姓名		学号		组别		任务成绩	
任务描述	接受船舶电站操作和故障管理任务工单，查阅相关资料，了解船舶电站系统的组成，发电机组的启动、并车、均功和停车操作过程，并在模拟集成电路中进行相应的操作。					
场地、设备	轮机实训室集控室					
资讯	1. 简述发电机并联运行手动操作： 2. 简述发电机并联运行自动操作： 3. 简述自动化电站故障应急处理：					
计划与决策	请根据任务要求，确定所需要的知识、设备、工具，并对小组成员进行合理分工，制订完成船舶电站操作和故障处理任务的详细方案。 　1. 写出实施方案： 　2. 小组人员分工： 　3. 所需要的知识、设备、工具：					

学习领域		船舶动力设备自动控制
		船舶电站操作和故障处理

实施	步骤一：实训准备工作
	1. 技术准备：
	2. 工具准备：
	3. 对象准备：
	步骤二：设置模拟电站状态
	步骤三：分组进行电站操作(包括自动和手动并车操作故障处理)

	遇到问题	解决问题
	1.	
	2.	
	3.	
	4.	
	5.	

检查	学生自查：
	指导教师检查：

任务工单完成情况评价见表 17-2。

表 17-2　任务工单完成情况评价

评价	自我评价					评分（满分 10 分）
	组内互评	学号	姓名	评分（满分 10 分）	学号	姓名	评分（满分 10 分）

评价						
	自我评价					评分（满分 10 分）
	组内互评	学号	姓名	评分（满分 10 分）	学号	姓名	评分（满分 10 分）
	注意：最高分与最低分相差最少 3 分，同分人最多 3 个，某一成员分数不得超平均分±3 分。					
	小组互评					评分（满分 10 分）
	教师评价					评分（满分 10 分）
签字	任务完成人签字：　　　　　　日期：　　年　　月　　日					
	指导教师签字：　　　　　　　日期：　　年　　月　　日					

学习笔记：

_____

_____

_____

_____

_____

_____

_____

参考文献

［1］郑凤阁，李凯．轮机自动化［M］.大连：大连海事大学出版社，1999.

［2］方金和．轮机自动化［M］.大连：大连海事大学出版社，1998.

［3］李杰仁，崔庆渝．轮机自动化基础［M］.大连：大连海事大学出版社，1999.

［4］徐善林，黄学武，崔庆渝．轮机自动化［M］.北京：人民交通出版社，2001.

［5］赵晓玲，孙旭清．轮机员船电业务［M］.大连：大连海事大学出版社，2006.

［6］初忠．轮机自动化［M］.大连：大连海事大学出版社，2006.

［7］李世臣，徐善林．轮机自动化［M］.大连：大连海事大学出版社，2014.

［8］张肖霞，孔秀华．电工工艺与船舶电站［M］.大连：大连海事大学出版社，2009.

［9］陈清彬．轮机自动化［M］.北京：人民交通出版社，2009.

［10］张春来，林叶春．船舶电气与自动化［M］.大连：大连海事大学出版社，2012.

［11］王琪，乔红宇．轮机自动化［M］.哈尔滨：哈尔滨工程大学出版社，2012.

［12］查辅江．轮机自动化［M］.上海：上海中医药大学出版社，2014.